W0033420

Seeking Beauty
Heilung für mein Herz

SHILOH ZACHE

Seeking Beauty – Heilung für mein Herz
Copyright © 2020 Shiloh Zache
Alle Rechte vorbehalten.

Die Bibelzitate wurden, wenn nicht anders angegeben, folgender
Übersetzung übernommen: Neue Genfer Übersetzung 2011,
© Genfer Bibelgesellschaft, Genf. (NGÜ)
Weiterhin wurden folgende Bibelübersetzungen verwendet:
Schlachter-Bibel 2000,
© Genfer Bibelgesellschaft, Genf. (SCH)
Lutherbibel, revidierter Text 1984, durchgesehene Ausgabe,
© Deutsche Bibelgesellschaft, Stuttgart. (LÜ)
Elberfelder Übersetzung 2006,
© 1985 und 1991 und 2006 SCM R. Brockhaus im SCM-Verlag GmbH
& Co.KG, Witten. (ELB)
Gute Nachricht Bibel, revidierte Fassung, durchgesehene Ausgabe,
© 2000, Deutsche Bibelgesellschaft, Stuttgart. (GNB)

ISBN: 978-3-00-065973-7
Coverdesign: Norbert Elnar
Coverfoto: Shiloh Zache/ Jacqueline Kirillov
Autorenfoto: Nina Strehl
Lektorat: Katharina Wnuk und Philipp Zache

www.seeking-beauty.com

INHALT

Für den Gott, den ich liebe.

VORWORT

Was machst du, wenn es ruhig wird? Atmest du durch? Lässt du innerlich los? Oder macht dich die Stille unruhig und treibt dich ins Tun?

Erledigst du lange vor dir Hergeschobenes? Oder geht es dir wie mir und du lenkst dich lieber mit etwas Neuem ab? Das Leben ist so viel mehr als nur das, was uns passiert. Doch wenige von uns beherrschen es, Ruhe zu finden, um nach innen zu schauen und das zu erkennen: Dass wir eine Wahl haben. Wir haben die Wahl, das Leben einfach nur hinzunehmen, Opfer unserer Umstände zu sein, im Hamsterrad unseres Lebens endlos weiter zu rennen oder uns unserer Geschichte zu stellen, den Fratzen unserer Vergangenheit ins Gesicht zu schauen und einen Neubeginn zu wagen.

Ja, die bisherigen Kapitel unseres Lebens müssen nicht ausschlaggebend dafür sein, wie unsere Geschichte weitergeht. Doch wir werden erst zu aktiven Mitschreibern unserer Geschichte, wenn wir den Mut haben, ihr in die Augen zu blicken.

Genau das tut Shiloh mit diesem Buch. Und sie erlaubt dir, mit ihr zurückzuschauen und einzutauchen in ihre ehrliche Geschichte. Shiloh gibt viele Einblicke, nicht nur in das Geschehene, sondern in ihr Innenleben: All die Zweifel, das Hadern, die Lügen, die Schwächen, die Ängste, die Begierden, die Hoffnungen.

VORWORT

Es ist mutig, sich so nackig zu machen. Jemand anderem die ehrlichste Version eines Selbst zu zeigen. Nicht poliert und makellos, sondern unbehauen, roh und verletzlich. Traust du dich zuzuhören?

Während Shiloh dich mitnimmt durch die Kapitel ihres Lebens, durch Einsamkeit, Schmerz, Verlust, Zweifeln, Scheitern, Finden und Heilen, kannst auch du etwas mitnehmen und lernen für deine Reise. Du wirst dich sicher das eine oder andere Mal wiederfinden in Shilohs Leben. Vielleicht in den Vorwürfen, die sie sich macht, oder in einem der Umstände, in denen sie sich wiederfand. Und dann lass zu, dass nicht Verurteilung, sondern Gnade ein Wort spricht. Lass dich mitnehmen auf eine Reise, die so unmöglich ist, dass ich, obwohl ich vieles von ihr schon kannte, doch immer wieder den Kopf darüber schüttelte, wie ausweglos sich manche Kapitel anfühlen.

Wie oft kann man fallen, wie oft kann man scheitern, wie oft kann man sich die Knie blutig schlagen, wie oft kann man verstoßen werden, verurteilt, vom Leben in den Staub gezwungen? Und doch wieder aufstehen!

Ich glaube, dass dieses Buch eine Reise zu dir selbst sein kann. Lass dich von Shiloh mitnehmen und tanke auch du Mut dafür, deiner Geschichte mit Ehrlichkeit und Gnade zu begegnen – und mit der Hoffnung, dass der Gott, an den Shiloh glaubt, der Gott des Neubeginns, gut ist und deine letzten Kapitel noch nicht geschrieben sind.

Mit Liebe und in Hochachtung,

Nina Strehl

Erscheinen Gottes Wege

mir seltsam, rätselhaft und schwer,

und geh'n die Wünsche, die ich hege,

oft unter in des Sorgen Meer,

will trüb und schwer der Tag zerrinnen,

der mir nur Schmerz und Qual gebracht,

so will ich mich auf eins besinnen,

dass Gott nie einen Fehler macht.

Kapitel 1

GEN OSTEN

....

Hinter der nächsten Kurve ging die Sonne auf. Der erste Strahl traf mein Auge und tauchte die Welt, meine Welt, in ein tiefes Orange. Es war 4.20 Uhr morgens und ich war mit meinem kleinen VW-Polo auf der N2 Richtung Osten unterwegs. Im Dunkeln zu fahren, fühlte sich falsch an, vor allem als Frau. Ich hatte niemanden gefragt, ob es sicher war. Ich kannte die Antwort! An jenem Tag war ich früh aufgebrochen, denn ich war auf einer Mission. Mein Ziel lag fünf Stunden weiter östlich, an der Küste des Indischen Ozeans. Und noch mehr als einen Überfall bei Nacht oder einen betrunken Fahrer, der mich in den Graben abdrängen könnte, fürchtete ich mich vor dem Unfrieden in meinem Herzen. Die Vorstellung, dass ich das Geschehene nie wieder vergessen würde und dieses schmutzige Gefühl in mir bleiben würde, war beängstigend. Doch die Hoffnung darauf, Frieden zu finden, machte mir Mut. Mut, noch einmal 440 Kilometer zu fahren. Noch einmal die meist einspurige Autobahn von Kapstadt nach Wilderness zu nehmen und die nicht ganz ungefährlichen Überholmanöver mithilfe des Seitenstreifens auf mich zu nehmen. In Südafrika war es nicht ungewöhnlich, dass das langsamere Fahrzeug auf der Autobahn einfach auf den Seitenstreifen fuhr, wenn der Fahrer bemerkte, dass ein schnelleres Auto zum Überholen ansetzte. Auch wenn dies zu Beginn meiner Zeit in einem fremden Land etwas gewöhnungsbedürftig für mich gewesen war, so war ich doch in meinen bis dato fünf Monaten Südafrika sowohl zur Seitenstreifen-Fahrerin als auch zur mutig Überholenden geworden. Ich passte mich gerne an und wollte damit zum Ausdruck bringen, dass ich ein neues Leben in einem neuen Land begonnen hatte. Gefährlich waren die Überholmanöver in den frühen Morgenstunden und am Abend, wenn die Menschen in ländlicheren Gegenden an der Autobahn entlang zur Schule oder zur Arbeit in die Städte liefen. Das hatte ich im Umland von Durban gesehen. Der Atem stockte mir auch regelmäßig, wenn die Straße uneinsichtige Windungen nahm und zu erwarten war, dass Händler ihre Stände auf dem Streifenrand aufgestellt hatten, um dort ihr Obst oder selbst gemachte afrikanische Handwerkskunst zu verkaufen. Leitplanken gab es entlang der Garden-Route im Jahr

GEN OSTEN

2011 nicht.

Ich dachte an vieles zurück, als ich an jenem Morgen auf dem Highway unterwegs war und die Sonne vor mir aufging. Besonders viel kreisten meine Gedanken um die letzten Wochen.

Ein Freund, den ich aus meinem Studium an der technischen Hochschule kannte, hatte mich besucht und nun war er wieder auf dem Weg nach Deutschland. Wir waren gemeinsam nach Durban geflogen, hatten den Touriklassiker, eine Safari, gemacht, und waren anschließend an der Ostküste entlang Richtung Süd-Westen gefahren. Kapstadt war unser Start- und Zielpunkt gewesen und unsere Reise war spontan und amüsant. Ich bin überzeugt, dass die besten Reisen keiner intensiven Planung bedürfen, wenn Reisen all die kleinen und großen Abenteuer mit einschließt, die man in einem Fünf-Sterne-all-inclusive Urlaub niemals zu sehen bekommt. Für mich war Reisen viel mehr ein Ausdruck meiner Persönlichkeit: mutig, Neues zu entdecken und offen für Richtungswechsel. Natürlich hatten auch wir eine grobe Idee davon, wo wir hin- und was wir erleben wollten. Aber wir hatten keine Unterkünfte monatelang im Voraus gebucht und wussten auch nicht, an welchem Tag wir genau weiterfahren würden, wenn wir an einem Ort ankamen. Es war eine schöne Zeit mit meinem Besuch gewesen, und ich hatte es genossen, ihm „mein" Land zu zeigen. Ein Land, das ich eigentlich nur für sechs Monate hatte besuchen wollen. Schnell aber hatte Südafrika mein

KAPITEL 1

Herz geraubt! Ich hatte mich auf den Urlaub mit ihm gefreut, aber manchmal überkam mich ein unheimliches Gefühl, wenn ich daran dachte, als Frau allein mit einem Mann auf Reisen zu sein. Nicht, dass ich prüde war! Ganz und gar nicht! Aber ich hatte eine klare Vorstellung davon, wie ich als Christin leben wollte. Und dazu gehörte auch, dass ich eigentlich keine Zeit zu zweit mit einem Mann verbringen wollte, der nicht mein Ehemann war. Sollte ich einen potenziellen Kandidaten kennenlernen, wollte ich mich mit ihm erst einmal in einem öffentlichen Raum wie zum Beispiel einem Café treffen. Gemeinsam zu reisen, für Wochen zu zweit in einem Auto unterwegs zu sein oder sogar ein Zimmer zu teilen, das war nicht meine Auffassung von guten christlichen Verhaltensweisen. Ich war nicht altmodisch, sondern ich sehnte mich danach, dass meine Nachfolge Jesu einen sichtbaren Unterschied für meine Umwelt machte. Dass man die Veränderung in meinem Leben sah, die ich seit meiner Bekehrung erlebt hatte. Zu diesen Veränderungen gehörte auch, dass ich mich nicht mehr in unangenehme Situationen bringen wollte, wie ich es als junge Frau oft getan hatte. Ich hatte viele Männer kennengelernt und einfach nur „nett" sein wollen. Ich hatte ihnen zugehört, ihnen helfen wollen oder umgekehrt, sie hatten mir helfen wollen. In solche Situationen begab ich mich häufig ohne weitere Hintergedanken, nur, um dann immer tiefer in ungesunde Beziehungsgeflechte zu rutschen, die auch öfter in einer Partnerschaft endeten, die ich eigentlich gar nicht wollte. Oder einer Knutscherei, die ich später bereute. Denn ich verliebte mich schnell und verschenkte mein Herz an diese Menschen – für mich war das ein Zeichen meiner Loyalität und Treue, andere nannten es hingegen Naivität. Aber was andere sagten, interessierte mich normalerweise nicht besonders. Ich hatte keine Freundinnen, denen ich mich anvertraute. Die Freundinnen, die ich in meiner Jugend und als junge Erwachsene wertgeschätzt hatte, hatten mich tief verletzt und hintergangen. So hatte ich erleben müssen, dass sie hinter meinem Rücken über mich lästerten und meine Geheimnisse, in die ich sie im Vertrauen eingeweiht hatte, weitererzählten. Meine beste Freundin während meiner Jugend schlief eines Tages mit meinem Ex-Freund und fragte dann: „Na und?", so als wäre es das Normalste auf der Welt. Diese tiefen Wunden hatten dazu geführt, dass ich Freundschaften mit Männern statt mit Frauen suchte. Männern vertraute ich. Sie behandelten mich gut – so glaubte ich. Vielleicht wusste ich es damals einfach nicht besser! Auf den ersten Blick schienen Männerfreundschaften einfach unkomplizierter und wurden nur dann unangenehm, wenn sich eine Partei in die andere verliebte. Nachdem ich mich aber mit 24 Jahren entschieden hatte, mit Gott zu leben, hatte sich mein Leben radikal verändert. Auch hatte ich schon kurz nach meiner Bekehrung gute Freundinnen gefunden, denen ich vertraute und deren Gemeinschaft ich sehr schätzte.

KAPITEL 1

Die Jahre waren wie im Flug vergangen und das Leben hatte wieder gegen mich ausgeholt, obwohl ich Christin war und daran glaubte, dass Gott mich beschützte. Leider bemerkte ich jetzt immer wieder, wie ich viele meiner sogenannten Werte nicht mehr lebte. Als junge Gläubige hatte ich meinen „Neuanfang" genossen. Ich hatte viel darüber gelernt, wie man als Christ leben sollte – nicht aus Pflicht und aus dröger Religion heraus, sondern aus Liebe zu Gott und echter Überzeugung. Aber jetzt wich die Frau, die ich nach außen hin war, in ihrem Verhalten so sehr von der Frau ab, die ich sein wollte – und das betrübte mich sehr! Es schien außerdem, als sei das schon seit einiger Zeit so. Es hatte sich eingeschlichen und war nicht einfach über Nacht passiert. Trotzdem hoffte ich, eines Morgens aufzuwachen und ganz plötzlich die zu sein, die ich wirklich war! Die Frau, die wirklich durchzog, was sie sagte und die genau das tat, was sie sich vornahm. Immer wieder nahm ich mir zwischendurch die Zeit, mein Handeln zu reflektieren: Doch oft passierte das nur halbherzig und meine Gedanken drehten sich im Kreis! Es gelang mir zwar, meinen emotionalen Schmerz zu benennen, der mich in mein Dilemma gebracht hatte, aber es fehlte an praktischen Schritten, mein Verhalten zu ändern. Ich konnte und wollte nicht in mein altes Ich zurück, das Ich, das ich vor meiner Bekehrung gewesen war, aber das Neue schien ich auch nicht zu erreichen. Und das wurde mir in Afrika doppelt schmerzlich bewusst. Mit Afrika und

GEN OSTEN

Deutschland war es genau wie mit meinem alten und meinem neuen Ich: Ich saß irgendwo zwischen den Stühlen!

Ja, eigentlich wollte ich durchziehen, was ich sagte. Stattdessen war ich spontan und situativ, voller sprudelnder Ideen, ein emotionales Energiepaket, das auf Menschen abfärbte und sich selbst gern von anderen mitreißen ließ. Diese Eigenschaften hatten auch oft dazu geführt, dass es mir sehr schwerfiel „Nein" zu sagen. Oft war ich zu neugierig zu erfahren, was auf der anderen Seite lag. Auf der Seite des Abenteuers! Ich fragte mich, ob mir die Eigenschaft, nicht „Nein" sagen zu können, mir bis an mein Lebensende zum Verhängnis werden würde – denn sie war schließlich auch der Grund gewesen, dass ich mit meinem Studienfreund auf Reisen gegangen war. Wie konnte es mir nur so schwerfallen, Grenzen zu setzen, obwohl ich mich selbst eigentlich für eine starke Persönlichkeit hielt? Und warum begab ich mich eigentlich genau jetzt und hier schon wieder in eine Situation, die sich beklemmend anfühlte? Waren mir vielleicht deshalb schon so oft Dinge passiert, von denen man sonst nur in Zeitungen liest und die zu so weitreichenden Konsequenzen führten – weil ich nicht „Nein" sagen konnte? Das hätte ich gerne gewusst!

Während mein Studienfreund und ich die letzten zwei Wochen auf Reisen gewesen waren, war mein Unbehagen darüber, dass ich gegen meine eigenen Überzeugungen handelte, tagein, tagaus gestiegen. Es war fast beängstigend, wie laut mein Herz wurde, wenn ich das bemerkte, und keine weiteren Mauern aufbaute. Fast zehn Tage lang hatte ich es geschafft, meine innere Stimme zu besänftigen. Schließlich hatte ich das aufgegeben! Meine Seele hatte mich gnadenlos angeschrien, als wir Wilderness erreichten.

Ich war schon einmal vor ein paar Monaten dort gewesen, auch mit einem Mann – daran erinnerte mich mein Herz. Mit einem Fremden war ich dort gewesen und gegen meine Überzeugungen. Er war mir in dem roten Touristenbus in Kapstadt ins Auge gefallen. Ich war damals meiner ungefilterten Abenteuerlust gefolgt und hatte den Bus spontan und aus einer Laune heraus an der gleichen Station wie er verlassen. Strategisch klug hatte ich mich in den Sand mit sicherem Abstand zu ihm gesetzt, und ich hatte mich spontan entschieden, wieder mit dem Rauchen anzufangen, nur damit ich ihn nach einer Zigarette fragen konnte. Mehr als zehn Jahre lang war Rauchen mein Laster gewesen, aber als sich mein Leben mit Mitte 20 so zum Positiven gewendet hatte, hatte ich einfach keine Lust mehr verspürt weiter zu rauchen. Immerhin hatte ich damals am Strand mein Ziel erreicht, denn der Fremde und ich kamen schnell ins Gespräch. Er war Engländer und unterwegs auf Weltreise. Eine Weltreise! Ich hatte einen echten Abenteurer gefunden! Meine Englischfähigkeiten waren zu der Zeit leider so begrenzt gewesen, dass ich nur fünfzig Prozent unseres Gespräches verstand. Redlich bemüht, diese Tatsache zu verdecken, sagte ich in vielen

GEN OSTEN

Fällen einfach zustimmend und verstehend „Ja", wenn
er sprach. Blöd nur, dass ich „Ja" sagte, als er mich am
darauffolgenden Abend nach ein paar Bier im Pub
fragte, ob er mich küssen dürfe, und ich die Frage auch
aus akustischen Gründen nicht richtig deuten konnte.
Da ich mich nach diesem doch sehr unvorbereiteten
Kuss sehr unwohl fühlte, bestellte ich ein weiteres Bier.
Ich hatte gelernt, dass man Scham wegtrinken kann!
　　Obwohl ich das alles nicht so gewollt hatte, war es
eine phänomenale Nacht geworden. Wenn das Ganze
schon so verrückt angefangen hatte, hatte es vielleicht
auch das Potenzial, eine erzählenswerte Geschichte zu
werden, dachte ich. Das Bier lockerte meine Stimmung,
und als der alte Pianist im urigen Irish Pub „Hallelujah"
anstimmte, sagte ich nur frech, dass ich das mindestens
genauso gut spielen konnte. Wir hatten meine Gitarre
geholt und waren Richtung Signal Hill, dem
Aussichtspunkt der Stadt, gelaufen. Unterwegs waren
wir einfach auf einen vorbeifahrenden Bakkie, einen
südafrikanischen Pick-Up, gesprungen und hatten
bereits auf der Ladefläche des Wagens Musik gemacht.
Es war eine sternenklare Nacht. Nach Mitternacht
hatten wir auf dem Hügel die Lichter der Stadt und bei
sommerlichen Temperaturen ein Bier genossen. Es
hatte etwas Bittersüßes, denn am nächsten Morgen
sollte seine Weltreise weiter gehen. Ich wusste, dass er
mit Freunden reiste, aber ich hatte sie nicht
kennengelernt. Sie hatten ihre Route genau geplant.
Aber da in jener Nacht die Abenteuerlust in meinem

KAPITEL 1

Herzen geweckt worden war und ich zu der Zeit keinerlei Verpflichtungen hatte, ertrug ich den Gedanken nicht, alleine in meiner Langeweile zurückgelassen zu werden. Also schrieb ich ihm noch in der gleichen Nacht eine Notiz und bat ihn inständig, mit mir statt mit seinen Freunden auf Reisen zu gehen – natürlich nicht um die ganze Welt, aber an der Ostküste Südafrikas entlang. Ich bot ihm sogar an, den Mietwagen zu bezahlen, und malte ein buntes Bild davon, was wir gemeinsam erleben könnten. Wir trafen uns am nächsten Morgen zum Frühstück, nur wenige Stunden vor seiner Abreise. Bei einer Tasse Kaffee fragte ich ihn, was er von meinem Vorschlag hielt, aber er reagierte nüchtern und lehnte das Angebot ab. Er sagte, es sei sehr verlockend, aber er könne seine Freunde nicht alleine reisen lassen. Ich hakte noch einmal nach: „Wirklich? Sie sind doch nicht alleine. Sie wären doch immerhin schon zu dritt!" Wenn ich erst einmal wusste, was ich wollte, dann kämpfte ich auch dafür, es zu bekommen. Dennoch war ich überrascht, als er wenige Minuten später sagte: „Okay, das machen wir!"

Noch immer waren keine anderen Autos auf der N2 unterwegs, doch in wenigen Minuten, so wusste ich, würden mir die ersten Fahrzeuge entgegenkommen. Auch wenn keine großen Städte auf meinem Weg lagen, so gab es doch einige Lastwagen, die von Kleinstadt zu Kleinstadt fuhren, um Waren auszuliefern. Und auch

GEN OSTEN

die Tankstellen in der Halbwüste mussten mit Benzin versorgt werden. Auf meiner Reise mit dem Engländer hatte ich vieles gesehen und nicht vergessen. Ich hatte es genossen, den einzigartigen Rhythmus des Landes kennenzulernen. Wir waren an die entlegensten Orte gefahren, hatten sogar in einem Camper in der Halbwüste übernachtet. Fernab der Städte, des Trubels und des Alltags. Unsere einzigen Nachbarn waren Weltenbummler und die Pfauen gewesen, die ebenfalls auf dem Campingplatz wohnten und bis zu unserem Caravan kamen, um Fleisch vom Grill zu stehlen. Ich hatte mir vorstellen können, einfach immer weiter zu reisen. Auch um die Welt! Eines Tages waren wir auf einer Straße unterwegs, die geradewegs ins Nirgendwo zu führen schien. Nur der Horizont und die Spiegelung des flimmernden Asphalts waren in der Hitze zu sehen gewesen. Wir hatten angehalten und waren ausgestiegen – und zum allerersten Mal in meinem Leben hatte ich erlebt, was es bedeutet, absolute Stille zu hören. Es gab keine zirpende Grille, kein Motoren-Geräusch, keinen Windhauch. Für einen Moment lang war die Zeit stehen geblieben und ich sehnte mich danach, mich selbst wieder einzuholen. Ich hatte zu schnell gelebt in den Jahren zuvor. Ich wollte endlich wieder bei mir ankommen. Es war still. Nur still.

Damals war ich aus Einsamkeit mit dem Fremden auf Reisen gegangen, aber das wurde mir erst viel später klar. Ich hatte ihm natürlich großspurig von meinen Werten erzählt, von meinen guten christlichen

KAPITEL 1

Werten, die mich vor vorehelichem Sex schützen sollten und somit vor der Enttäuschung, die ich bereits allzu gut kannte. Niemals hatte ich es erlebt, mit jemandem zu schlafen, der mich liebte. Und das wollte ich auf keinen Fall noch einmal erleben.

Aber ich war mit jemandem auf Reisen gegangen, den ich kaum kannte und dessen Sprache ich nicht beherrschte. Wir hatten uns ein Auto und die Unterkünfte geteilt sowie unsere Liebe zum Reisen und spontane Wegänderungen. Und weil ich der kalten Tatsache nicht ins Auge sehen wollte, dass man so nicht den Mann fürs Leben findet – es sei denn, man spielt die Hauptrolle in einer Hollywood-Schnulze – und mein Weltenbummler für mich nicht annähernd das Gleiche empfand wie ich für ihn, trank ich, um der Wahrheit zu entgehen. Und jeden Abend trauerte ich, dass ich mir selbst untreu war!

Auch auf meiner zweiten Reise wenige Tage zuvor hatte ich dann wieder einmal gegen meinen inneren Durst angetrunken. Erst ein Bier, dann ein zweites. Ich dachte, dass das normal sei. In Südafrika tranken die Menschen gerne und genossen es mit einer gewissen Leichtigkeit. So machten es auch Europäer auf Reisen! Und nicht nur auf Reisen – schließlich war Trinken Teil der Kultur, aus der ich kam.

Es war ein ruhiger Abend gewesen und der Barkeeper unseres Hostels hatte mich zu einer Partie Billard herausgefordert. Ich wusste, dass ich gut spielen konnte. Und obwohl ich keine wirkliche Lust hatte,

GEN OSTEN

willigte ich ein. Er wolle um Drinks spielen, sagte er.
Ich hatte Angst, was passieren würde, wenn er gewann.
Ich wollte nicht so viel trinken, dass ich mein Gesicht
verlor. Aber als Feigling wollte ich auch nicht dastehen!
So trank ich mir ein bisschen Mut an.
Noch ein Schluck, und ich hatte eingewilligt. Mein
Bekannter ging gegen Mitternacht ins Bett. Das war mir
nur recht! Ich wollte nicht mit zwei Männern alleine
sein. Ich fühlte mich beobachtet!

Noch 300 km, bis ich endlich da wäre! Meine
Gedanken gingen zu all dem Erlebten zurück, während
ich auf meiner Playlist ein Lied auswählte, das ich laut
mitsingen konnte. Diese Fahrt, so schwer sie auch war,
hatte etwas Heilsames. Zum ersten Mal seit meiner
Ankunft in Kapstadt reiste ich allein. Nur die Lieder,
die aus den Boxen schallten, erinnerten mich an
vergangene Tage und Monate und an die vielen neuen
Erlebnisse, die noch so unverarbeitet in meinem
Herzen schlummerten. Es tat gut, alleine zu sein! Es
war nötig, um all die vielen Gefühle zu verarbeiten, von
denen ich nicht wusste, welche gut und welche schlecht
waren. Konnte ich meinem eigenen Herzen noch
vertrauen? War ich noch immer eine neue Kreatur, auch
nach allem, was geschehen war, oder war ich endgültig
zerbrochen? Tränen stiegen in mir hoch. Ich war gerade
einmal 29 Jahre alt, doch es fühlte sich an, als wäre ich
am Ende meines Lebens angekommen. Ich war müde.
Unendlich müde! Die Worte meines Vaters stiegen in

mir hoch: „Pass auf dich auf!" Wie oft er das gesagt hatte! Und ich hatte es gehasst. Die Worte schienen mich in Ketten legen zu wollen. Zu verbieten, mich auszuprobieren. Zu spielen, zu leben, zu atmen. Und auch, wenn vermutlich genau das mein Leben als eine einzige Trotzreaktion entlarvte, wusste ich im Grunde meines Herzens, dass mein Vater recht hatte: Ich hatte versagt! Ich hatte nicht auf mich aufgepasst, und das durfte niemand erfahren!

Scham überkam mich. Ich wusste, wer er war. Und ich konnte es nicht aushalten, ihm nicht noch einmal in die Augen zu sehen. Ich war auf dem Weg zurück zu meinem Vergewaltiger.

Zweieinhalb Stunden später traf in an dem Ort ein, der für viele Reisende aus aller Welt für Schönheit und Freiheit stand: Wilderness.

Wenn über ungelösten Fragen
das Herz verzweiflungsvoll erbebt,
an Gottes Liebe will verzagen,
weil sich der Unverstand erhebt:
dann ich all mein müdes Sehnen
in Gottes Rechte legen sacht
und leise sprechen unter Tränen,
dass Gott nie einen Fehler macht.

Kapitel 2

WILDERNESS

....

Der Barkeeper hatte im Billard gewonnen. Jedenfalls die Spiele, an die ich mich erinnerte. Und dann folgte der Filmriss. Genau das, wovor ich mich am meisten fürchtete, war passiert: der Kontrollverlust! Mir war schon als Kind beigebracht worden, dass ich selbst für mein Leben verantwortlich war. Nicht Gott und auch niemand anderes. Die Kontrolle zu verlieren – das bedeutete, dass jemand anderes die Führung übernahm und somit darüber bestimmte, was als Nächstes passieren würde. Ich hatte nicht gelernt, dass auch gute Dinge aus der Kontrollabgabe erwachsen können. Dinge wie Teamwork oder das Vertrauen in ein Familienmitglied. Die Kontrolle zu verlieren, verband ich mit schrecklichen Dingen. Und das, was in jener Nacht geschehen war, war der Beweis dafür. Ich hatte mich in einem kleinen dunklen Zimmer in einer Dachkammer wiedergefunden. Auf mir der Mann, mit dem ich gewettet hatte. Ich hatte einen Schrei ausgestoßen und ihn von mir weggedrängt, was überraschend leicht gelang. Offensichtlich war er betrunken. Panisch suchte ich nach meinen Kleidern, die auf dem Fußboden verteilt und im Bett neben mir lagen, und taumelte in Richtung meines Zimmers. Meine Schritte waren sehr schwer. Schwerer als erwartet. Ich kannte mich aus mit Alkohol und Drogen und stellte erschreckend fest: Ich hatte nicht nur Alkohol im Blut! Der Weg zu meinem Zimmer schien endlos und die Treppenstufen drehten sich vor meinen Augen. Meine Beine gehorchten nicht den Befehlen meines Gehirns. Als ich endlich vor meiner Zimmertür stand, versuchte ich den Schlüssel möglichst leise ins Schloss zu schieben, um meinen Besuch nicht zu wecken. Am nächsten Tag erzählte ich ihm nicht, was passiert war. Ich erzählte niemandem davon.

Jetzt bereute ich ein bisschen, so früh losgefahren zu sein. Zwar waren dadurch die Straßen frei von Verkehr, aber ich wurde schon wieder müde. Eigentlich war ich kein Morgenmensch. Ich blieb gerne nachts lange wach und schlief normalerweise bis um 8. Etwas, das ich aus meiner langen Studentenzeit beibehalten hatte. Die Morgenluft war kühl und erfrischend. Vermutlich würde ich stundenlang warten müssen, bis er endlich aufstand. Sein Job begann erst am Nachmittag, deshalb gab es am frühen Morgen keine Arbeit für ihn. Konnte man das, was er tat, überhaupt als eine richtige Arbeit bezeichnen? Er kümmerte sich um die Bar und um die Gäste, aber er hätte auch ein Freund der Familie sein können, der nach einem Unterschlupf suchte und als Gegenleistung seine Hilfe angeboten hatte.

Ich fragte mich, ob er Drogen an die Reisenden verkaufte, wie es in vielen Backpackers entlang der Küste üblich war. Gewundert hätte es mich nicht, er war der Typ dafür: Er war selten nüchtern, das sah man ihm an. Zwar wusste ich nichts Genaues über die Drogenszene in Südafrika, und ich war dort auch in keinen Kontakt mit synthetischen Drogen gekommen, doch hatte ich erlebt, dass die jungen Leute, die an der Rezeption der Hostels arbeiteten, häufig mit Marihuana dealten. Für die vielen Reisenden, die hauptsächlich aus Europa, Amerika und Australien kamen, war dies ein einfacher Weg, um an etwas Gras zu kommen, um sich allabendlich am Lagerfeuer mit einem Joint zu entspannen. Nicht selten wanderte die selbst gedrehte Marihuana-Zigarette im Kreis herum und Fremde saßen unter dem Sternenhimmel beisammen und teilten den friedlichen Moment, in dem man sich austauschen durfte, aber nicht musste. Jeder brachte seine Geschichte mit – und manche brachten auch Gras. Und wenn einem danach war, dann sprach man eben über seine Reisen und das Leben zu Hause. Es hatte etwas Magisches, in die Lebensgeschichten der anderen einzutauchen, und häufig genoss ich die gemütlichen Abende am Feuer. Es gab nur wenige Orte, die ich auf meiner ersten Reise entlang der Ostküste nicht als friedlich, sondern vielmehr verstörend erlebt hatte. Oftmals waren das kleine Küstendörfer gewesen, in denen wilde Parties gefeiert wurden und bei denen viel Alkohol getrunken wurde. An diesen Orten hatte ich, um mich wohler zu fühlen und den Lärm ertragen zu können, selbst gekifft oder einen über den Durst getrunken. Man passt sich halt an!

Es war richtig schlimm für mich, an einem Ort zu sein, den ich nicht einfach verlassen konnte, wenn er mir nicht gefiel. Damals fuhr ich mehrere Hundert Kilometer pro Tag und war dankbar, wenn wir irgendwo ankamen. Diese Sehnsucht, anzukommen, hatte ich nicht nur auf Reisen – sie traf auf mein gesamtes Leben zu. So spontan und abenteuerlich ich mir meine Reise und mein Leben auch vorstellte, so fand ich diesen Lebensstil gleichzeitig sehr anstrengend. Die 1700 km lange Reise hatte mich über holprige Pässe und durch die Halbwüste geführt. Während der Nacht konnten wir jedoch nicht fahren, das wäre unverantwortlich gewesen. Fehlt das Licht der Straßenlaternen, ist das Fahren ermüdend und somit gefährlich. Aber war so nicht auch mein Lebensweg? Zuweilen holprig, dann mal steil? Oft einsam und manchmal sehr schnell? Und in dunklen Zeiten wünschte ich mir, dass Lichter angingen und mir den Weg erleuchteten, damit ich die düsteren Abschnitte so schnell wie möglich hinter mich bringen konnte.

WILDERNESS

Noch etwas über 100 km und ich wäre da. Ein Kaffee würde mir nun guttun, dachte ich. Wilderness. Für mich war es ein Ort der Hoffnungslosigkeit, der falschen Entscheidungen, der Naivität, der Scham. Wie hatte es nur so weit kommen können? War es nicht alles meine Schuld? Natürlich war es das! Ich hatte nichts von dem gemacht, was mein Vater mir gesagt hatte. Ich sollte auf mich aufpassen, hatte er mich gelehrt. Und wenn ich einen Fehler machte, dann musste ich mit den Konsequenzen leben. So einfach war es! Würde Gott das auch sagen?

Ich kämpfte mit Gedanken aller Art. Ich wollte positiv sein und hoffnungsvoll. Aber etwas in mir versuchte realistisch, rational und bodenständig zu sein. All das, was man in einer solchen Situation eben brauchte. Ich wollte nicht emotional sein! Und schon gar kein Opfer! Das erlaubte ich mir nicht. Ich war stark, aber meine Gedanken waren offensichtlich durcheinander. Verschwommen, wie im Nebel. Und ich dachte Gedanken, von denen ich mir nicht sicher war, ob sie meine Eigenen waren: Gott hat uns doch den freien Willen gegeben. Das bedeutet ja, dass wir die Wahl haben. Ich hatte scheinbar nicht so gewählt, wie es sich für ein Kind Gottes gehörte, richtig? Ich hatte falsche Entscheidungen getroffen, hatte getrunken, hatte keine Grenzen gesetzt. Jetzt musste ich eben mit den Konsequenzen leben! Oder?!

Hätte ich nur einen besseren Lebensstil, so warf ich mir selber vor, wäre es erst gar nicht so weit gekommen! Da war es wieder: Mein Kontrolldenken! War es das, was ich über das Leben dachte? Über Belohnung und Strafe? Und war das überhaupt wahr? Dass wir immer das bekommen, was wir verdienen?

„Du bist für dein Schicksal ganz allein selbst verantwortlich. Wenn du ein glückliches Leben führst, dann hast du dir's verdient. Wenn du aber plötzlich arm wirst, oder krank oder einsam, dann musst du ebenfalls in irgendeiner Form selber dran schuld sein!" Das hatte ich als Kind gelernt und bis ins Erwachsenenalter geglaubt. Es war für mich nichts Ungewöhnliches gewesen, dass ich für schlechte Noten eine Strafe bekam. Oder fürs Frechsein. Negative Konsequenzen waren für mich etwas sehr Natürliches und daher die direkte Antwort auf mein eigenes Versagen. Zwar war ich als Jugendliche auch mit Belohnungen gelockt worden, wie damals, als mein Vater mir Geld bot, wenn ich aufhören würde, zu rauchen. Aber ich hatte mich gefühlt, als würde er mich kaufen wollen und hatte an dieser Art von „Geschäft" kein Interesse gehabt.

Doch stand mein Bild von Belohnung und Strafe nicht im absoluten Gegensatz zu dem, was Gott über sich selbst sagt? Dass er ein bedingungslos liebender Vater ist, der uns immer wieder eine zweite Chance gibt. Der gerecht ist, uns aber nicht bestraft. Der sich nicht zu schade war, in Form von Menschengestalt auf die Erde zu kommen, um bei uns zu sein. Der uns vergibt. Der uns schützt. Der uns hilft. Gott, hilf mir! Warum hilfst du mir nicht?

Meine Gedanken liefen mit Schallgeschwindigkeit durch meine Neuronen-Straßen. Warum fühlte sich gerade alles so schrecklich an? Warum fühlte ich mich so schmutzig? Musste ich mich so fühlen? Ist es das, wie Vergewaltigungsopfer fühlen?

Und war ich das denn wirklich? Ein Opfer? Das konnte nicht sein. Es war meine eigene Entscheidung gewesen, dorthin zu reisen, Bier zu trinken und Billard zu spielen. Ich hätte auf mich aufpassen müssen! Niemand sonst hatte auf mich aufgepasst. Auch Gott nicht! Diese Gedanken schienen so falsch, so verdreht. Aber so war es doch, oder nicht?

Ich entschied, dass ich mir bestimmt nur selbst vergeben musste und es mir dann besser ginge. Ich hatte gelernt, dass das wichtig war – sich selbst gegenüber gnädig zu sein. Wie eine allgemeingültige Formel betete ich: „Vater, ich habe nicht auf mich aufgepasst. Und es tut mir leid. Bitte vergib mir. Und ich, ich vergebe mir auch selbst. Amen." Ich nannte Gott meinen Vater, weil er mich geschaffen hat. Väter.

Könnte mein irdischer Vater mir wohl vergeben? Wenn ich nur alles wieder gutmachen würde! Dann wäre es vielleicht wie ungeschehen. Dann wäre es ein Zeugnis der Güte Gottes, dass er alles wiederherstellt. Aber brauchte Gott mich denn tatsächlich, um Dinge wiedergutzumachen? Und war ich nicht gerade auf dem Weg, alles selbst in die Hand zu nehmen?

Ich wollte so gerne wieder radikal sein. Radikal gesund, radikal geliebt, radikal frei. Ich wollte ich sein, und heil sein! Aber war ich überhaupt auf dem richtigen Weg? Tat ich das Richtige? Wie hatte es so weit kommen können?

Ich war sechs Monate zuvor für ein Praktikum nach Südafrika gekommen. Zusätzlich hatte ich mich aber auch darauf eingestellt, für ein paar Wochen das Land zu entdecken. Der Plan war gewesen, das Praktikum bei einer Organisation in Durban zu machen, die Straßenkinder auffing und begleitete. Offiziell brauchte ich dieses Praktikum für mein Zweitstudium der Sozialen Arbeit. Inoffiziell wollte ich einfach nur weg aus Deutschland! Weg von den Depressionen, der Perspektivlosigkeit und der jüngsten Vergangenheit. Was war nur aus meinem Plan geworden?

Ich hatte in Durban leider schnell bemerkt, dass sprachliche und kulturelle Barrieren ein professionelles Praktikum in dieser Organisation unmöglich machten. Jedenfalls nach meinem deutschen Verständnis von Professionalität zu urteilen. Zudem war ich eine junge Frau und die meisten Kinder waren Jungs, die auf die Pubertät zugingen. Und Kinder, die auf der Straße leben und drogenabhängig sind, sind im Kopf längst keine Kinder mehr – das spürte ich auf Anhieb! Die Dinge, die sie täglich sehen und erfahren, machen sie schneller erwachsen, als es gesund ist. Meine Wirkung auf junge Männer hingegen kannte ich nur zu gut. Ich wollte meine Beziehungen zu diesen Jugendlichen unbedingt so distanziert wie möglich halten. Da ich für ein anerkanntes Praktikum nach Südafrika gereist war, musste ich in der Hochschule vorweisen können, dass ich etwas lernte, das einen direkten Studienbezug aufwies. Im Hauptstudium hatte ich meinen Schwerpunkt bewusst auf Politik und Management gelegt und wünschte mir, vor allem in den Bereichen Administration und Sozialmanagement Erfahrungen zu sammeln – meine Erwartungen, so stellte sich heraus, waren sehr unrealistisch! Die Dame, die mich in Durban betreuen sollte, sah ich in den ersten zwei Wochen nur einmal. Nämlich, als sie mich vom Flughafen abholte, und mich in der Organisation absetzte.

Außer mir gab es im Drop-In Zentrum noch ein paar andere junge Menschen aus Deutschland und den Niederlanden, die ein freiwilliges Jahr absolvierten. Die Stimmung unter uns war gedrückt. Zum einen, weil wir alle desillusioniert, und uns einig waren, dass unsere Organisation nicht wirklich viel taugte. Zum anderen, weil wir auf engstem Raum mit einer großen Schar Kakerlaken leben mussten. In unserem Zimmer gab es nichts, was schön anzusehen war. Die Schränke waren äußerst heruntergekommen, der einzige Spiegel war zerbrochen. Ein winzig kleiner Kühlschrank kühlte unsere Habseligkeiten und bot dem widerlichen Ungeziefer ein Schlupfloch. Wir waren vier Freiwillige (drei Männer und ich), aber es gab nur drei Betten. Der Vierte schlief auf einer Matratze auf dem Boden. Ich war nur froh, dass es nicht mich getroffen hatte.

Anfangs hatte man mir angeboten, ich könne auch

mein eigenes „Reich" beziehen. Dieses Reich war ein Dachboden, der vom Gemeinschaftsraum begehbar und somit für jeden Besucher frei zugänglich war. Auf dem Dachboden lagerten etliche Computer aus den 80ern und Staub aus dem gleichen Zeitraum. Da das einzige „Badezimmer" aber nur über den Innenhof zu erreichen gewesen wäre und in dem kleinen Anbau lag, in dem die Männer schliefen, und wir uns inmitten eines Rotlichtviertels befanden, war mir schnell klar, dass ich lieber mit den Männern und den Kakerlaken leben wollte, als alleine zu bleiben. Das Bad befand sich nun direkt neben unserem Schlafzimmer und hatte zwei Toilettenkabinen und eine Dusche ohne Vorhang auf neun Quadratmetern. Wenn ich duschte, konnten die anderen trotzdem auf die Toilette gehen. Und wenn die Straßenkinder einkehrten, benutzten auch sie die Toiletten. Die Körperreinigung war genau deshalb eine abenteuerliche Sache – wollte man keine Zuschauer dabei haben, musste man gut planen, wann man duschen ging. Zudem war nicht klar, wer für die Reinigung des Bades zuständig war. Also hieß es vor der Bad-Benutzung: Augen zu und durch!

Das Gelände des Drop-In Zentrums war umgeben von einer hohen Mauer und Stacheldraht. Zwar gab es einen hübschen Innenhof, der wie ein kleines Amphitheater angelegt war. Hohe Bäume spendeten Schatten und luden zum Verweilen ein. Aber nach ein paar Tagen fühlte sich die Umgebung immer mehr an wie ein Gefängnis und weniger als einem Monat nach meiner Anreise hatte ich genug von den Zuständen. Auch hatte ich die Hoffnung aufgegeben, dass sich meine Betreuung verbessern würde. Ich war eines Morgens schweren Herzens und ohne viele Worte aufgebrochen, hatte mich für ein Wochenende in einem sicheren Wohnviertel eingemietet und von dort aus einen Flug nach Kapstadt gebucht. Im Internet hatte ich außerdem eine Organisation vor Ort gefunden, die mir, so schien es, helfen würde, eine neue Stelle für mein Praktikum zu finden.

Die Planänderung war keine leichte Entscheidung gewesen. Die Aussende-Organisation in Deutschland, die mir geholfen hatte den Praktikumsplatz zu finden, ermutigte mich, nach Deutschland zurückzukommen. Ihre Argumentation war: Du hast bestimmt die Motivation verloren! Ich verlor die Motivation selten und in den ersten Wochen in Durban hatte ich zudem erlebt, dass es auch Aussende-Organisationen in Europa gab, die sich sehr aktiv um ihre Schützlinge vor Ort kümmerten. Die holländische Non-Profit-Organisation (NPO), die einen meiner Mitbewohner für den Freiwilligen-Dienst nach Südafrika ausgesandt hatte, hatte mich eines Abends eingeladen, mit ihnen zu essen. Wir waren eine große bunte Truppe gewesen und hatten gespeist wie Könige! Es war einfach wunderbar. Das Abendessen mit den holländischen Freiwilligen hatte mir Hoffnung gegeben, dass die kontaktierte NPO in Kapstadt professioneller arbeitete als die in Deutschland und mir helfen würde, eine passende Stelle zu finden. Meine Familie hatte sich gewünscht, dass ich wieder nach Hause komme und alles abbreche. Ich aber wollte dieses schöne Land nicht verlassen, das mich, trotz der herausfordernden Startbedingungen, magisch anzog. Außerdem wusste ich, dass ich mein in die Reise investiertes Geld verlieren würde, wenn ich heimkehrte. Eine Praktikumsstelle hätte mich zu Hause auch nicht erwartet. Ich war also geblieben, und meine Liebe zu Südafrika wuchs täglich.

Das Gute, das ich aus Durban mitnahm, war die Herzlichkeit der Zulus. Auf unserem Gelände des Drop-In Zentrums hatten zwei junge Männer, ehemalige Straßenkinder, mit uns zusammen gewohnt. Sie halfen nun mit, die neuen Straßenkinder zu betreuen. Ich hatte das Privileg, einem von ihnen von Jesus zu erzählen und ihn zum Herrn zu führen. Eine weitere schöne Erinnerung war die einmalige Fahrt in das „Valley of Thousand Hills" mit einer afrikanischen Sozialarbeiterin und einem anderen Praktikanten gewesen. Unsere Fahrerin besuchte die Kinder, die nach einer erfolgreichen Drogenrehabilitation wieder in ihre Dörfer oder Armutsviertel zurückgekehrt waren und der Großstadt den Rücken kehrten, regelmäßig. Sie erkundigte sich nach dem Befinden der jungen Menschen und versorgte sie mit den nötigsten Lebensmitteln wie Maismehl, Salz und Zucker. Auf unserer Fahrt durch die hügelige Landschaft der Vororte Durbans lernte ich eine wichtige Lektion von ihr: Es spielt keine Rolle, wo wir im Leben durchgehen

– mag es auch noch so schwer sein. Es ist unsere Entscheidung, ob wir uns für das Leben entscheiden. Und wenn wir uns für das Leben entscheiden, dann verdient es jeder Tag, dass wir lächeln. Dass wir stark sind. Und dass wir uns selbst nicht zu ernst nehmen. Über sich selbst lachen zu können, ist eine Gabe. Und diejenigen, die das trotz Tragödien und Leiden schaffen, sind fortgeschritten im Umgang mit dieser Gabe.

Ich entschied, sofort zur Unterkunft zu fahren, sobald ich in Wilderness ankommen würde. Noch 15 Minuten und ich wäre da. Ich wollte auf ihn warten. Darauf, dass ich ihn zu Gesicht bekam, ihn konfrontieren konnte. Ich erhoffte mir eine tiefe innere Befriedigung, Frieden! Aber da war es wieder: Dieses innere Bedürfnis, dass alles wieder gut werden musste. Doch warum war ich diejenige, die es gut machen wollte? War ich verrückt geworden? Konnte ich es überhaupt wieder gutmachen? Ich wollte von ihm wissen, ob er mir etwas in den Drink geschmissen hatte, aber würde mir das etwas bringen? Ich war mir nicht einmal sicher, ob ich mich trauen würde, zu fragen. Ich vermutete, dass er ein Öl benutzt hatte, K. O.- Tropfen. Warum ich hoffte, dass er mir die Wahrheit sagen würde, war mir außerdem unklar. Aber ich hoffte auf das Gute im Menschen. Immer noch!

Drum still mein Herz, und lass vergeh'n,

was irdisch und vergänglich heißt.

Im Lichte Gottes wirst du sehen,

dass gut die Wege, die er weist.

Und müsstest du dein Liebstes missen,

ja ging's durch finstre, kalte Nacht,

halt fest an diesem sel'gen Wissen,

dass Gott nie einen Fehler macht.

(Herbert Sack)

Kapitel 3

VERGANGENES

···

In der Ferne bellte ein Hund. Der Geruch von Milchbuschbäumen und salziger Meeresluft erfüllte die kühle Morgenluft. Ich fühlte mich wie ein Eindringling. Es war eigentlich nicht meine Art an einem Tisch auf der Terrasse Platz zu nehmen, ohne etwas zu bestellen, aber ich war nicht gekommen, um zu frühstücken. Auch wollte ich nicht von der Inhaberin des Hostels gesehen werden, aus Angst, dass sie fragen stellen würde. Es gab keine allgemeine Erklärung, warum ich gekommen war – nur eine sehr persönliche. Und die ging sie nichts an, selbst wenn es in ihrer Unterkunft geschehen war. Ich entschied mich, durch das Haus zu laufen und mich nach ihm umzusehen. Vielleicht würde ich unentdeckt bleiben. So stieg ich noch einmal die Treppen in den ersten Stock hinauf, vorbei an den

KAPITEL 3

Duschen und den Mehrbettzimmern, und von dort aus weiter nach oben zum Dachboden. Ich würde ihn wecken, das hatte ich entschieden. „Warum sollte ich ihn ausschlafen lassen, nach alldem, was er mir angetan hat?", dachte ich, als wäre es eine Strafe, geweckt zu werden. Ha! Was tat ich hier eigentlich? Ich stellte mir vor, wie er da lag. In seiner Koje unter dem Dach. Ohne Fenster. Wie konnte er friedlich da liegen, während in mir der Sturm tobte? Kannte er Frieden überhaupt? Wünschte ich ihm Frieden? Eigentlich nicht. Und doch war das einer der Gründe, warum ich hier war. Frieden. Beim Billard hatte er mir erzählt, dass seine Eltern Missionare in Malawi gewesen waren. Er selbst war Sportler gewesen, bis er nach einer Verletzung seinen Traum hatte aufgeben müssen. Seine Mutter hatte ihn, als er noch ein Kind war, verlassen. Vermutlich war er deshalb in einer solch einsamen Gegend gestrandet. Und vielleicht hatte er deshalb keinen Respekt vor Frauen, weil er seine erste Liebe, seine Mama, so früh verloren hatte. Ein Aussteiger auf der Suche nach Freiheit und dem Leben, das es sich lohnt zu leben. Das Loch in seinem Herzen groß, sein Hunger nach Frauen grenzenlos. Wie sehr wünschte ich ihm, dass er Jesus in sein Herz aufnehmen würde. Den Jesus, den er schon seit seiner Kindheit kennen musste, wenn die Eltern doch Missionare gewesen waren. Aber er hatte Gott dafür verantwortlich gemacht, dass seine Mutter weggerannt war. Ob seine Eltern noch lebten? Ob sie davon wussten, was für ein Leben er führte?

Vielleicht war es ihnen egal. Und machte es für mich einen Unterschied, dass es eine Erklärung für sein Verhalten gab? Hieß das, dass er nichts dafür konnte, weil seine Eltern schuld waren? War er nicht erwachsen und selbst verantwortlich für seine Taten? In mir meldete sich offensichtlich mein Über-Ich. Die Elternstimme, die andere einsortierte in gute und schlechte Menschen. Solche, die rechtschaffen waren und aus gutem Hause kamen, und solche, die vom Weg abgekommen waren. Dachte Gott auch so? Ich erinnerte mich nicht mehr daran, wie Gott war. Er hatte sich offensichtlich von mir abgewandt. Wie war ich so weit vom Weg abgekommen?

Damals, als ich noch fast täglich durch die Clubs gezogen war und die Techno- und Ecstasy Szene mein Zuhause waren, da hatte ich immer penibel darauf geachtet, dass ich mein Glas nirgendwo unbeaufsichtigt stehen ließ. Es war nicht unwichtig, welche Pille man einschmiss. Mit der Zeit kannte man die Wirkung der einzelnen Tabletten: Engel, Elefanten, Kleeblätter und wie sie alle hießen, bestanden aus ungleichen Mengen an MDMA und MDE, verschiedene chemische Amphetamine, die entweder starke Glückshormone hervorriefen oder wach machten. Je nach Mischung konnte man lange tanzen und die Nacht zum Tag machen oder sich emotional viel mehr auf andere Menschen einlassen. Die beiden Stoffe wirkten recht gegensätzlich. Während MDE nur Energie gab und man das Zappeln nur schwer unterdrücken konnte, machte MDMA empathisch. Es war ein Liebesbote, der es ermöglichte, wildfremde Menschen sehr gern zu haben. Ich mochte das Gefühl. Es war warm und kuschelig und suggerierte mir, Teil einer kleinen Familie zu sein, in der wir aufeinander aufpassten. Wenn ich durch die Gänge des Clubs von einer Halle in die Nächste zog, dann wusste ich sofort, wer auch „drauf" war. Es reichte, den anderen in die Augen zu sehen. Die Größe der Pupille verriet jeden. Aber es war etwas ganz anderes, eine unbekannte Mischung untergejubelt zu bekommen. Jemand, der freiwillig teuren Stoff hergab, musste etwas Böses im Schilde führen. Und wiederum jemand, der Billiges untermischte, dem war sein Opfer nichts wert. Ich auf jeden Fall war mir stets der Gefahr bewusst und sozusagen ein verantwortungsbewusster User gewesen. Ich hatte mich auch darüber informiert, was im Falle einer Überdosis zu tun war und war oft zur Krankenschwester des Abends geworden, wenn einer von uns sich mal wieder übergebend auf der dreckigen Toilette wiederfand. Natürlich war ich auch dankbar, wenn sich jemand um mich kümmerte. Zwar kam es nicht regelmäßig aber doch gelegentlich vor, dass ich diejenige war, die auf einem vollurinierten Boden saß, während Schwindel mich übermannte und das Kotzen mir ein genüssliches Gefühl von Befreiung bereitete. Ärgerlicherweise hinterließen diese Ausflüge dunkle Spuren auf meiner weißen Raver-Hose, was einer der vielen Gründe war, warum ich Überdosen mied.

VERGANGENES

Ich hatte mit den chemischen Drogen angefangen, da das zehnte Schuljahr schwer für mich gewesen war. Nicht inhaltlich, sondern emotional. Ausschlaggebend dafür war, dass ich eine für mich wichtige Beziehung verloren hatte. Und mit ihr meine sozialen Kontakte und den Glauben an die Liebe. Aber die Schule war auch davor nie ein sicherer Ort für mich gewesen. Ich empfand die meisten meiner Lehrer als kalt und unnahbar und ich vertraute ihnen genauso wenig wie meinen Mitschülern. Vertrauen aufzubauen braucht Zeit, ich aber wechselte den Klassenverband drei Mal, nämlich bei einem Umzug in der dritten Klasse, und als ich in der siebten und neunten Klasse sitzenblieb. Schon im Kindergarten und auch in der Grundschule war es mir schwergefallen Beziehungen aufzubauen. Aber besonders schwierig wurde es in der dritten Klasse nach unserem Umzug in eine andere Stadt. Ich erinnere mich nur daran, dass ich Angst hatte. Angst davor, die Neue zu sein. Anders zu sein. Angst, nicht gemocht zu werden. Angst, zu versagen. Die neuen Mitschüler musterten mich mit abfälligen Blicken und bestätigten mir damit, dass meine Angst berechtigt war. Und so hatte ich mich ab jenem Augenblick, und auch später auf dem Gymnasium, dem Klassenverband gegenüber distanziert verhalten. Dauernd beschäftigte ich mich damit, meine Mitschüler und die Lehrer zu beobachten. Unablässig analysierte ich ihr Verhalten und versuchte, ihre direkten und indirekten Reaktionen auf mich zu deuten und zu verstehen. Aber was auch passierte, ich fühlte mich immer merkwürdig fremd, abgelehnt und unpassend. Schon in jungen Jahren war ich voller wilder Emotionen.

Den Lehrstoff fand ich, wahrscheinlich eben genau deshalb, meistens fade und uninteressant. Er war mir zu sachlich und zu langweilig. Ich konnte keine Verbindung zum alltäglichen Leben herstellen. Auch verstand ich nicht, wieso wir so viele Stunden auf einem Stuhl sitzen sollten, um uns einen langweiligen Unterricht anzuhören, dessen Inhalt danach abgefragt wurde. Was sollte man im späteren Leben damit anfangen? Am Schlimmsten war es für mich dann, wenn ich aufgerufen wurde, ohne dass ich mich zuvor gemeldet hatte. Mir war bewusst, dass mich die Lehrer zu mündlicher Mitarbeit motivieren wollten. Aber es schien mir, als wollten sie mich erniedrigen. Für mich war ganz klar, dass, wenn ich mich nicht meldete, ich nichts öffentlich zu sagen hatte. Und wenn ich mir bei einer Antwort nicht sicher war, sprach ich meine Gedanken nicht aus. Daran änderte sich auch nichts, als die Lehrer mich ohne Vorwarnung aufriefen. Ich zog mich dann noch mehr in mein Schneckenhaus zurück. Heimlich schwor ich mir, mich bei diesem Lehrer nie mehr zu melden.

Schriftlich war ich in der Grundschule sehr gut gewesen. Auf dem Gymnasium reichten aber gute schriftliche Noten nicht mehr aus, um ein gutes Zeugnis zu bekommen. Und so bedingte das eine das andere: Ich bekam schlechte Gesamtnoten, fühlte mich ungerecht behandelt und rebellierte noch mehr gegen eine mündliche Mitarbeit. Denn nichts hasste ich mehr, als zu Dingen gezwungen zu werden, in denen ich keinen Nutzen sah. Natürlich konnte ich sprechen, aber ich wollte nicht. Warum also dachten sie, sie könnten mich dazu zwingen? Ich erinnerte mich an eine Situation im Mathematikunterricht, als mein Lehrer mich bei der Nachbesprechung einer Geometrie-Klassenarbeit vor der gesamten Klasse demütigte und sagte: „Du bist die Einzige in der ganzen Klasse, die nicht weiß, dass Alpha an A und Beta an B liegt!" Alle lachten. Ich hatte damals während der Arbeit tatsächlich keine Ahnung gehabt. Ich hatte mir aber überlegt, dass es zu einfach war, wenn Alpha an A läge. Also hatte ich einfach alle Buchstaben neu zugeordnet. Mein Mathelehrer hatte leider meine starke kreative Ader missverstanden und nicht gewürdigt. Mathe trug mit dazu bei, dass ich sitzenblieb.

Während meiner ersten Ehrenrunde in der siebten Klasse fiel es mir unglaublich schwer, in einen bestehenden Verband hineinzukommen und neue Freunde zu finden. Und vielleicht glaubte ich auch nicht wirklich daran, dass sich jemand mit mir anfreunden wollen würde. Wer war ich schon? Ich war niemand Besonderes. Noch schlimmer wurde es nach der zweiten Ehrenrunde in der neunten Klasse. Ich war um einiges älter als meine Mitschüler und passte einfach nicht zu den anderen. Trotzdem versuchte ich Fuß zu fassen, was mir aber nicht richtig gelang. Es gab zwei oder drei Mädchen, mit denen ich mich unterhielt und manchmal traf. Aber wirkliche Freundinnen waren das nicht. Für mich jedenfalls nicht. Wie die anderen das gesehen haben, kann ich nicht sagen.

In der zehnten Klasse kam es dann zu sehr starken Auseinandersetzungen zwischen mir und einem Mitschüler. Auf einer Klassenfahrt hatte ich das erste Mal länger mit ihm gesprochen und er hatte sich dort als sehr anziehend und gleichzeitig irgendwie psychisch nicht ganz dicht herausgestellt. Noch während er sich mit mir anfreundete, warnte er mich: „Lass dich nicht auf mich ein oder ich werde dein Leben zerstören!" Das klang sehr dramatisch, aber ich mochte ihn. Darum kam ich seiner Warnung nicht nach, und wir redeten die ganze Nacht. Am nächsten Tag aber bereute ich das schon, denn eine nach der anderen hörten meine Zimmernachbarinnen auf, mit mir zu sprechen. Ich dachte, ich sei in einem falschen Film. Ich wendete mich an eine von ihnen und fragte, was denn los sei. Doch sie antworte mir nicht. Ich versuchte mein Glück bei einer anderen, doch auch sie drehte sich weg und verließ den Raum. Als ich meinen Mitschüler schließlich zur Rede stellte, sagte er nur: „Ich habe dich gewarnt." Die kommenden Wochen wurden zu einem absoluten Albtraum. In meinem Klassenverband sprach bis auf eine Person niemand mehr mit mir. Und diese eine Person sagte nur: „Ach komm, du weißt doch, was los ist."

Ich wusste nicht, was los war. Ich wusste nicht, was

mein Mitschüler den anderen über mich erzählt hatte. Aber ich hatte das Gefühl, dass ich wahnsinnig wurde. Es fiel mir noch schwerer als sonst, dem Lehrstoff zu folgen. Während des Unterrichts begannen die anderen zu tuscheln und drehten sich zu mir um. Sie hörten nicht auf, mich mit ihren Blicken zu mustern und abzuwerten. Und niemand sprach ein Wort mit mir. Es dauerte nicht lange und ich wurde tatsächlich verrückt. In einer großen Pause reichte es mir. Ich nahm mir einen großen Ast und rannte schreiend hinter einem Mitschüler her. Ich drohte, ihn zu schlagen, und schrie: „Sag mir sofort, was los ist!" Aber er lachte mich nur an und sagte: „Jetzt bist du völlig verrückt geworden!" Ich brach weinend zusammen.

Auch beim Sportunterricht nahm ich nicht mehr teil. Ich war total müde und ausgebrannt. Eine Klassenkameradin, die mit mir die Bank teilte, weil sie eine Armverletzung hatte, erbarmte sich. Sie sagte zu mir: „Es tut mir voll leid, was dir passiert. Aber M. hat gesagt, dass er dein Leben zerstören wird. Er will zwar nicht, dass du dich umbringst, aber er will es zerstören. Du bist ganz schön arm dran."

In meiner Qual griff ich zu Tabletten. Auf dem Klo meiner Schule gab ich mir eine Überdosis. Während der Pause traf ich eine meiner wenigen Freundinnen. Von ihr erwartete ich mir Mitgefühl und ein offenes Ohr. Doch als ich ihr sagte, dass ich Tabletten genommen hatte, tat sie so, als habe sie mich nicht gehört und fragte nach meiner Meinung zu einer Lippenstiftfarbe.

Ich wiederholte mein Anliegen und sah sie fragend an. Übertrieb ich? Gab es keinen Grund zur Besorgnis über meinen Zustand? Im gleichen Augenblick wurde mir urplötzlich extrem übel und ich musste würgen. Ich lief ins Gebüsch, um meinen Mageninhalt zu entleeren. In dem Moment begriff ich, dass ich sehr einsam war. Wenig später wurde mir mitgeteilt, dass ich auch dieses Schuljahr wieder nicht schaffen würde. Für mich war das keine Überraschung, auch wenn ich gehofft hatte, es ganz knapp zu packen. Ich hatte Angst davor, es meinen Eltern zu sagen. Ich hatte Angst vor Bestrafung und vor den Tadeln meines Vaters, obwohl ich zu diesem Zeitpunkt schon volljährig war. Meine Volljährigkeit hatte außerdem keinen wirklichen Einfluss auf meinen Alltag, denn ich wohnte noch Zuhause. Es gab allerdings eine letzte Chance, für die Oberstufe zugelassen zu werden: indem ich eine Nachprüfung schrieb. Aber dazu sollte es nie kommen.

Nachdem ich meinen Freundeskreis verloren hatte und meine Klasse offensichtlich verrückt geworden war, hatte ich mir neue Freunde gesucht. Meine Wahl fiel auf den Freundeskreis meines ersten Freundes, mit dem ich mit 14 Jahren zusammen gewesen war. Er war nicht einmal richtig mein Freund gewesen. Alle wussten, dass er ein Aufreißer war und es sich zum schäbigen Hobby machte, die Mädchen aus der Stadt abzuschleppen. Er schmiss schnell mit dem Wort „Liebe" um sich. Und obwohl ich ein ungutes Gefühl in seiner Gegenwart hatte, so fühlte ich mich doch auch ein kleines bisschen besonders. Es war beängstigend, was der Hormoncocktail der Jugend mit mir machte. Blind für das Gute und Richtige, war ich waghalsig, voreilig und naiv. Meine erste Beziehung hatte nur eine Woche gehalten. Jahre waren vergangen zwischen unserem ersten (und letzten) Kuss. Er hatte mir schon längst nichts mehr bedeutet. Doch innerhalb von zwei Wochen freundeten wir uns noch einmal an. Nach nur wenigen Tagen gehörte ich schon zu seinem Freundeskreis. Das merkte ich daran, dass sie keine Anstalten machten, mir zu verheimlichen, dass sie kifften. Vielmehr luden sie mich ein, Teil davon zu sein. Einige Wochen waren bereits vergangen und ich war es gewohnt, dass wir uns als Gruppe immer wieder bei dem gleichen Freund trafen. Doch eines Abends fuhren wir plötzlich zu anderen Leuten.

An jenem Abend war alles ganz anders. Es begann alles ganz harmlos und wir rauchten zusammen wie sonst auch. Auf einmal zog einer von der Clique einen 50-Mark Schein aus der Tasche, rollte ihn zusammen und schob mit einer EC-Karte weißes Pulver zu einer Linie zusammen. Ob ich auch wollte, wurde ich gefragt. Ich wollte nicht. Was war das überhaupt? Kokain? „Das ist Speed!", erklärte mein Freund mir mit sanfter Stimme, als würde er mir ein besonderes Geheimnis anvertrauen. Und wieder einmal kam ich mir naiv vor. Ich war die Einzige, die sich das Pulver nicht in die Nase zog und die nach wenigen Minuten noch immer müde und breit auf dem Sofa lag. Ich hatte nicht die Kontrolle verlieren wollen, aber jetzt hatte ich Angst vor dem, was die anderen tun würden. Konnte ich mithalten? Mitreden? Mitgehen, wenn sie nun den Raum verließen und die Straßen unsicher machten? Auf einmal hatten alle im Raum eine solche Energie und ich war müde und faul und konnte nicht mehr klar denken. Auf keinen Fall wollte ich schon wieder verlassen werden. Weder physisch noch emotional. Und ich war in einer mir fremden Umgebung. Die Menschen im Raum waren keine engen Freunde von mir. Ich entschied mich, mutig zu sein: „Ich will auch eine Line ziehen!" Extra für mich wurde noch mal etwas von dem weißen Pulver vorbereitet. Als ich meine erste Linie zog, waren alle Augen auf mich gerichtet. Meine Welt erhellte sich. Ich wurde wach und aufnahmefähig. Meine Gedanken ordneten sich und zum ersten Mal im Leben verspürte ich richtig starkes Selbstbewusstsein. Solch ein Gefühl hatte ich niemals zuvor erlebt. Ich wollte mitreden! Ich fühlte mich nicht gezwungen, etwas zu tun, was mir widerstrebte. Endlich hatte ich das Gefühl, dass ich wirklich dazu gehörte. Wir erlebten etwas zusammen und diese gemeinsame Erfahrung machte uns stark. Ein bisschen glaubte ich, dass wir unverwundbar waren. Wir zogen durch die Straßen. Ich und die Mädchen, die mich Jahre zuvor gemobbt und verfolgt hatten, weil ich eine vom Gymnasium war. Ich hatte mich vor ihnen gefürchtet, weil ich sie ekelhaft und gemein fand. Jetzt aber kamen sie mir reif und erwachsen vor, gebildet und eloquent. Gemeinsam gingen wir spazieren und unterhielten uns wie Freunde. Und das erste Mal in meinem Leben hatte ich das Gefühl, dass alles richtig und gut war.

Meine Empfindungen hatten leider einen bittersüßen Beigeschmack. Ich wollte mehr davon! Bereits am nächsten Tag erkundigte ich mich, wo ich Speed kaufen konnte. Offensichtlich saß ich direkt an der Quelle. Und weil es mir auch am zweiten Tag guttat, machte ich auch am dritten Tag weiter. Ich verlor an Gewicht, weil ich keinen Hunger mehr hatte. Aber ich gewann an Selbstbewusstsein und Kommunikationsfähigkeit. Da ich immer weiter abnahm, fühlte ich mich unglaublich gut. Und so begann ein Kreislauf, den ich wenigstens in der Anfangszeit noch gut unter Kontrolle zu haben schien.

Gemeinsam mit meinen neuen Freunden ging ich in die Clubs und machte neue Erfahrungen auf Ecstasy. Da Sommerferien waren, konnten wir mehrmals die Woche Tanzen gehen. Ich wollte zunehmend mehr und genoss mein neues Selbstbewusstsein. Ich freundete mich mit Stammgästen in meinem Stamm-Club an und begann, mich wie Zuhause zu fühlen. Ich bemerkte, wie ich in den Bann der neuen Welt tauchte, genoss jeden magischen Moment und blühte regelrecht auf. Meinem Ex-Freund schien das nicht zu gefallen, denn als ich ihn eines Tages nach Speed fragte, sagte er nur: „Du bist echt abhängig!", und gab mir einen abwertenden Blick. Dabei lächelte er mit seinem immer gleichbleibendem

Lächeln. Dieses Lächeln hatte er auf den Lippen, wenn er ein Kompliment machte oder versuchte, etwas zu erklären, wenn er sauer war oder auch beschämt. In dieser Situation war es jedoch ein abwertendes, mitleidiges Lächeln. „Wir anderen haben alles im Griff, verstehst du? Aber du hast jeden Bezug zur Realität verloren!" Mit diesem Satz verstieß er mich aus der Clique und aus seinem Leben. Interessanterweise war er aber derjenige, der einfach nicht mehr zu den Treffen im Freundeskreis auftauchte. Vermutlich hatte er bereits das nächste Mädchen aufgerissen.

Sein bester Freund blieb auf meiner Seite und ermutigte mich, dass sich mein Ex wie ein Arschloch benommen habe. Dieser Freund blieb mir gegenüber stets loyal. Er rauchte gerne Marihuana, aber hatte mit den chemischen Drogen nicht viel zu tun. Später war er auch derjenige, der mir Unterschlupf gewehrte, als meine Eltern mich baten, auszuziehen. Ich war verletzt durch die Worte meines Ex. Unsicherheit begann in mir zu wachsen. War es wirklich so, dass die anderen alles im Griff hatten, aber dass ich nicht mehr wusste, was ich tat? Ich machte weiter wie bisher, denn die Techno-Szene war meine Heimat geworden. Ich kannte die Leute, die dazu gehörten, und sie kannten mich. Später zog ich alleine durch die Clubs, denn ich wusste, dass ich Leute kennen würde, mit denen ich eine gute Zeit haben konnte, egal in welche Disco im Umkreis ich kam. Die Drogen machten mich gesprächig und so lernte ich schnell immer mehr neue Leute kennen. Die

Großstädter waren offen und luden mich in ihre Clique ein. So fand ich nach ein paar Monaten einen neuen festen Freundeskreis. Durch sie wechselte ich später in die „sanftere" House-Szene, in der mehr getrunken und weniger Drogen genommen wurden.

Generell war es eine bewegende Zeit zwischen Ende der Neunziger und den frühen Jahren nach der Jahrtausendwende. Schon bevor ich das erste Mal synthetische Mittel eingeschmissen hatte, hatte ich viele Erfahrungen mit Marihuana gemacht.

Ende der Neunziger hatte sich das Internet bereits weiter entwickelt und die ersten Foren und Chaträume liefen heiß. Zum ersten Mal konnten sich Menschen aus aller Welt innerhalb weniger Sekunden miteinander austauschen. Auch wenn mich das Internet nicht so magisch anzog wie Bücher, so fand ich doch ein Forum, in dem es Menschen mit Tiefgang gab. Sie diskutierten über Philosophie, Naturwissenschaften und Literatur. Tauschten Gedichte aus und schafften es selbst über die Zahl Pi zu diskutieren, bis die Köpfe qualmten. Dort lernte ich einen Mann aus Berlin kennen. Es dauerte nicht lange, bis ich meine erste Reise in den Osten antrat. Und auch, wenn manche Details an diese Reise verloren gegangen sind, so sind doch die Bilder des Besuchs bei seiner Mutter in Frankfurt (Oder) lebhaft in Erinnerung. Er erzählte mir damals, dass sie schizophren sei und das Marihuana dafür brauchte, um klarzukommen. Ich bin mir nicht sicher, wie viel

Wahrheitsgehalt in der Geschichte lag, aber wir besuchten sie an ihrem Geburtstag und ich wurde für einen Abend Teil einer Hippie-Gemeinschaft, wie ich es mir in meinen kühnsten Träumen nicht hätte ausmalen können. Beim Betreten des Hauses stieg mir sofort ein ausgeprägter Cannabis-Geruch in die Nase. Der Plattenspieler leierte alte, mir unbekannte Songs aus den 60ern und 70ern herunter. In der Küche stand ein 12 Liter-Topf auf dem Herd, in dem Cannabis in Milch gekocht wurde, während die Space-Cookies im Ofen backten. In der Sitzecke wurde ein Joint gedreht, während ein kleiner Sticky (die Mini-Variante des Joints) bereits durch den Raum gegeben wurde. In dem großen alten Haus wuchs Gras auf dem Dachboden. Es hing in Bündeln getrocknet vom Dach und an den Wänden. Und im Wohnzimmer wurde das fortgeführt, was in der Küche bereits in vollem Gang war. Die Gäste der Party waren alle in ihren 40ern. Zugegeben, der Verlauf des Abends geriet nach dem zweiten oder dritten Joint in Vergessenheit. Für mich hatte diese Party aber etwas Romantisches. Vielleicht lag das wieder an dem Zugehörigkeitsgefühl und der großen Gemeinschaft. Ich gehörte einfach dazu und niemand fragte mich nach meinen Leistungen und meiner Vergangenheit.

Die Techno-Szene der 90er war rückblickend die Protestbewegung der Jugend. Jedenfalls war sie mein ganz persönlicher Protest gegen ein maßgeschneidertes und sinnloses Leben, das ich so nicht wollte. Ich drückte mein Zugehörigkeitsgefühl mit Schlaghosen und bunten Perlenketten aus. Weiße Handschuhe, die man häufig auf Techno-Events sah, hatte ich eher als sehr hässliches Accessoire empfunden, während andere Raver unter uns sie als ästhetisches Hilfsmittel für wilde, elektronisch untermalte, Tanz-Choreografien hielten. Auch Schnuller fand ich peinlich. Viele von uns trugen sie aber, um nicht mit den Zähnen zu knirschen: Ein häufig auftretender Nebeneffekt durch die Einnahme von Ecstasy. Es hatte nicht allzu lange gedauert, bis meinen Eltern aufgefallen war, dass etwas nicht stimmte. Bei genauerem Hinsehen stimmte etwas schon sehr lange nicht. Aber die Drogen, das Feiern und meine Stimmungsschwankungen ließen sich nicht unter den Tisch kehren. Einige Zeit lang taten sie so, als sei nichts gewesen, aber dann eines Tages stellten sie mich vor die Wahl: Entweder den Freundeskreis zu wechseln und die Drogen zu lassen oder weiterhin mit meinen Freunden abzuhängen und auszuziehen. Ich wählte Letzteres. Meine Eltern waren nie besonders begeistert von meiner Freundeswahl gewesen. Aber für mich war nichts schlimmer als die Vorstellung, wieder einsam zu sein und nirgendwo dazu zu gehören. Um für die Nachprüfung zu lernen, war es bereits zu spät. Ich zog aus und ging zu meiner Schule, um mir mein Zeugnis abzuholen. Ich bekam Gott sei Dank noch die Mittlere Reife unterschrieben, denn Latein konnte ich aus meinem Zeugnis streichen lassen. Mein Lateinlehrer war auch zufällig gerade im Sekretariat, als ich das

Administrative regelte. „Kindchen, nicht, dass du vom Weg abkommst!", sagte er mit einem gequetschten Lächeln. Ich lächelte gequetscht zurück. „Zu spät!", dachte ich. „Hätten Sie sich mal früher für mich interessiert!"

Da ich kein Geld für eine Wohnung hatte, blieb ich bei dem besten Freund meines Ex-Freundes. Später war ich auch mal bei denen, die zu Freunden wurden. Manchmal passierte dies über Nacht. Und so hatte ich immer ein Dach über dem Kopf. Allzu häufig fuhr ich damals auch auf Drogen Auto. In einer Nacht im Dezember, ich hatte bereits mehrere Pillen intus, die ich mit Bier hinunter gespült hatte, lag Hochschnee. Auf dem Weg vom Parkplatz des Clubs auf die Straße wurde ich von der Polizei angehalten. Schnell versteckte ich ein Tütchen Marihuana unter dem Fahrersitz und hoffte, dass der Polizist es nicht riechen würde. „Haben Sie Alkohol getrunken?", fragte er mich. Ich überlegte. Die zwei Schlücke Bier würden wohl kaum zählen und anscheinend sah er mir anhand meiner Pupillen nicht an, wie „drauf" ich war. „Ich trinke nicht!", beteuerte ich selbstbewusst und er entließ mich lächelnd mit einem „Gut so, Mädchen!" in die Nacht.

Mit der Zeit verlagerte sich die Szene von der Großstadt in die umliegenden ländlichen Gebiete in den Untergrund und die Drogendealer, die ich kannte, waren plötzlich nach und nach aus den Clubs verschwunden. Man erzählte in der Szene von Razzien und dass der eine ins Gefängnis gegangen war und der nächste in die Psychiatrie. Einer von ihnen starb an einer Überdosis. Seine Beerdigung war ein großes und bewegendes Ereignis. Als ich damals von seinem Grab wegging, wusste ich nicht, wie ich seinen Eltern begegnen sollte. War es angemessen, ihnen mein Beileid auszusprechen? Ein bisschen fühlte ich mich, als hätte ich mit zu seinem Tod beigetragen.

Eine ganze Zeit lang trieb ich mich bei den größten Dealern im Umkreis um. Da sie aber auch Heroin nahmen und meistens nicht zurechnungsfähig und launisch waren, fühlte ich mich in ihrer Gegenwart nicht gut aufgehoben. Die Szene war zerrüttet und somit auch mein lieb gewonnenes „Zuhause".

Schließlich war es der Rat einer ehemaligen Nachbarin gewesen, der mich nach Hause zurücktrieb. Ich schätzte sie sehr. Sie war mit dem größten Heroindealer der Stadt zusammen, hatte gerade herausgefunden, dass sie schwanger war, und war zwölf Jahre älter als ich. Ihre Umstände und ihr Wesen ernteten meinen Respekt und ich hörte ihr aufmerksam zu, wann immer sie sprach. Für mich war es eine Ehre, dass ich sie besuchen durfte. Sie kämpfte seit Jahren damit, mit den Drogen aufzuhören. Ihre Ermutigung war einfach: „Du bist so jung. Mach etwas aus deinem Leben!" Das berührte mich. Sie ermutigte mich, zurück zu meinen Eltern zu ziehen, und da ich ihren Ratschlag schätzte und sonst keine Ratgeber mehr im Leben hatte, folgte ich ihrem Vorschlag. Die Worte meiner

Eltern, „Wenn du zurückkommst, gelten unsere Regeln!", hätten mich allerdings zum Nachdenken bringen sollen. Es war legitim für sie, so etwas auszusprechen. Immerhin war es ihre Wohnung und somit auch ihre Privatsphäre. Aber ich hätte wissen müssen, dass wir aneinandergeraten würden. Ich war zu selbstständig und zu rebellisch, um mich einfach jemandem zu beugen.

Für eine Zeit arbeitete ich für meinen Vater im Büro. Er war selbstständig und ich half beim Rechnungen- und Angebote abtippen und erledigte auch andere recht leichte Aufgaben. Es tat mir gut, etwas zu tun zu haben und Geld zu verdienen. Ich hatte außerdem den Entschluss gefasst, mit den Drogen aufzuhören. Zu diesem Schritt war es in einem Drogencafé gekommen, als ich mir ein Informationsblatt von einer Organisation durchsah, die Drogenberatung anbot. Dort stand etwas, das direkt in mein Herz sprach: „Jede Party geht einmal zu Ende. Und wenn du eines Tags aufwachst und merkst, das ist es nicht mehr, dann hab den Mut ein neues Leben anzufangen." Genau das war mir passiert. Die Szene hatte sich verändert, ich hatte mich verändert. Und ich war bereit, ein neues Leben anzufangen. Die Drogen hatten definitiv negative Auswirkungen auf meine Gesundheit, denn teilweise litt ich unter starken Gedächtnisverlusten und wachte an fremden Orten auf, ohne zu wissen, wie ich dort hingekommen war. Die Umsetzung dieses neuen Vorhabens war aber nicht ganz einfach. Zwar war ich willensstark und entschlossen, aber ich hatte lange Zeit in Abhängigkeit gelebt. Ich war fast 20 und wollte wieder zur Schule gehen. Das war ein radikaler Schritt. Es war das erste Mal im Leben, das ich wusste, was ich wirklich wollte. Um mich von den Drogen zu lösen, begann ich, mir selbst Briefe zu schreiben. Die Person, die gerade „drauf" war, schrieb Briefe an diejenige, die ich zwischen den Drogen-Exzessen war. Das Ganze ging einige Zeit hin und her, bis sich die Drogenabhängige schließlich von der anderen verabschiedete. In einem letzten Brief schrieb sie: „Ich werde mich umbringen, damit du leben kannst!" Und damit existierte meine abhängige Seite für mich nicht mehr. Jahre später erklärte mir eine Psychologin, dass dies eine gängige Therapieform sei, die häufig bei Drogenabhängigkeit eingesetzt werde.

Ich meldete mich damals am Berufskolleg in der Nachbarstadt an, um mein Fachabitur nachzuholen. Bis zum Beginn des Schuljahres verging einige Zeit und ich nutzte diese, um fit zu bleiben. Ich ging regelmäßig ins Fitnessstudio und achtete extrem auf meine Ernährung. So konnte ich mir selbst nah kommen und Kontrolle einüben. Das nächtelange Durchtanzen hatte mich superschlank und athletisch gemacht – und so wollte ich bleiben! Doch als ich mit den synthetischen Drogen aufhörte, kam auch das Hungergefühl zurück und ich genoss es richtig, unterschiedliche Speisen zu probieren. Ich zelebrierte das Essen und bereits nach wenigen Wochen nahm ich wieder zu. Ich entschied mich, mich selbst zu zügeln und nur zu bestimmten Zeiten zu essen. Doch das gelang mir nicht. Ich probierte Entschlackungskuren, neue Diäten und kalorienarme Gerichte. Nichts half. Ich fastete. Aber ich hasste es. Die vielen Geschmäcker, die ich auf Speed nicht mehr wahrgenommen hatte, überwältigten mich. Und so probierte ich etwas anderes: Ich übergab mich nach dem Essen. Erst nur manchmal, nach ein paar Keksen oder nach Schokolade. Aber schnell bekam ich noch mehr Hunger und zelebrierte richtige Heißhunger-Attacken. Ich stopfte alles in mich hinein, was ich lecker fand, und erbrach es gleich danach wieder. Ganz bald wurde dies zu einem täglichen Ritual. Ich merkte, dass ich die Kontrolle über die ganze Sache hatte, aber sie mehr und mehr verlor. An einem Tag kam mir dann plötzlich der Gedanke: „Jetzt ist es deine Entscheidung. Geh noch einen Schritt weiter und du bist wieder süchtig. Dieses Mal nach Kotzen." Ich antwortete der Stimme in mir: „Was soll's. Von den Drogen bin ich auch frei geworden!" Jeden Tag war ich mir selbst nah beim Essen und beim Übergeben. Ich spürte mich, verbrachte viel Zeit mit mir selbst in inneren Gesprächen, in denen ich versuchte, mich zu beraten. Sollte ich nun essen oder nicht? Konnte ich auf das Kotzen verzichten oder waren es zu viele Kalorien gewesen? Der Kreislauf kam schnell ins Rollen und was anfänglich ganz harmlos schien, wurde zu einer zwanghaften Essstörung.

Da stand ich nun, vor der Schlafzimmertür meines

VERGANGENES

Vergewaltigers, am Ort des Geschehens und ich war unendlich weit entfernt von mir selbst und von Gott. Mein größter Wunsch war es, dass alles wieder gut wurde. Alles, was in mir zerbrochen war. Alle Beziehungen, die erschüttert und für immer kaputt waren. Ich wollte Frieden. Frieden mit meiner Vergangenheit, Frieden mit meiner Familie, Frieden mit mir selbst und Frieden mit Gott. Ich hätte mich umdrehen und gehen sollen. Ich hätte leise die Tür schließen, mich runterschleichen und aus dem Haus gehen sollen. Ich hätte mich in das Auto setzen und einfach zurückfahren sollen. Ich hätte laut Lobpreis-Musik abspielen und singen sollen. Ich hätte beten und die Arme zum Himmel strecken sollen. Doch stattdessen machte ich einen Schritt nach vorne und legte meine Hand auf die Türklinke.

„Ich danke dir dafür, dass ich erstaunlich und

wunderbar gemacht bin; wunderbar sind deine

Werke, und meine Seele erkennt das wohl!"

Psalm 139,14 (SCH)

SPIEGLEIN, SPIEGLEIN

Das Zimmer war leer. Ich atmete unweigerlich auf. Klar, in mir stieg Enttäuschung hoch, denn ich wollte so gerne mit ihm reden. Aber ich war auch erleichtert, denn im Hellen sah der Raum nicht mehr so beängstigend aus wie in jener Nacht. Überhaupt erinnerte nichts mehr in diesem Zimmer an das, was passiert war. Merkwürdig! Alles erschien mir sehr surreal. Vielleicht war gar nichts geschehen? Und dann dämmerte es mir: Er hatte mich in jener Nacht nicht mit zu sich genommen, sondern in eines der Gästezimmer geführt. Oh, wie ich mich ekelte, wenn ich auch nur wagte, daran zu denken. Ich wollte sofort weg. Einfach nur noch weg!

Ich schloss die Tür hinter mir und drehte um. Schnellen Schrittes, beinahe rennend, nahm ich die

KAPITEL 4

Stufen durch das Treppenhaus der Lodge und machte mich auf den Weg zu meinem Auto. Das Schlimmste wäre, überlegte ich, wenn mich jemand gesehen hätte. Das Hostel war ein Familienunternehmen, geführt von einer typischen Mama Anfang 50. Bei ihr hatte ich die letzte Rechnung beglichen und sie würde mich mit Sicherheit wiedererkennen. Schließlich war ich auch auf meiner Reise mit dem Engländer in dieser Lodge untergekommen. Ich wollte nicht erklären, warum ich zurückgekommen war. Vielleicht würde sie aber auch für mich da sein in ihrer mütterlichen Art. Würde mit mir zur Polizei gehen und den Vorfall melden. Aber wollte ich das? Nein, das brachte mir in meiner Vorstellung keinen Frieden. Und Frieden war das Einzige, was ich wollte. Ich stieg in mein Auto und startete den Motor. Dafür war ich also so weit gefahren! Die Müdigkeit legte sich über mich wie ein schwerer Schleier. Wenn ich doch nur irgendwo einen Kaffee auftreiben könnte!

Ich entschied mich, Richtung Osten zu fahren, um im nahe gelegenen Ortskern einen Kaffee zu trinken. Gerade suchte ich nach einem Song in der Playlist, als ich ihn plötzlich sah.

Er lief die Straße entlang in Richtung Hostel. Der eine Teil in mir wollte ihn am liebsten überfahren, ein anderer Teil war drauf und dran, vorbei zu fahren. Aber der größte Teil in mir wollte mit ihm reden. Ich fuhr etwas langsamer und hielt nur wenige Meter vor ihm am Straßenrand an. Er schnallte nicht sofort, wer ich war und was ich wollte. „Können wir reden?", fragte ich ihn und ich empfand, dass ich zu schüchtern klang. Fast schon ängstlich. Er sah mich irritiert an und machte Anstalten, die Beifahrertür zu öffnen. Fast widerwillig schien er einzusteigen. „Wie gehts?", fragte er, als seien wir alte Bekannte. Ich antwortete nicht. Stattdessen starrte ich auf die Straße und fragte mich, ob ich das Richtige tat. „Lass uns frühstücken. Ich habe einen mega Hunger!" Wenigstens würde es Kaffee geben. Er lotste mich zu einem nahe gelegenen Café. Wir setzten uns schweigend und ich verbarg meinen Kopf hinter der Speisekarte. Er schien zu wissen, was er bestellen wollte. „Einen Wodka!", sagte er selbstbewusst mit einem Augenzwinkern zu der Bedienung. Ich bestellte einen Cappuccino.

Es war unangenehm. Wie sollte ich ihn hier konfrontieren? Und was wollte ich überhaupt sagen? Stille. Mit jeder verstreichenden Sekunde fand ich die Situation unangenehmer. Zwar saß ich an einem Tisch mit ihm, aber er würdigte mich kaum eines Blickes. Er saß im 90 Grad-Winkel von mir auf einer Bank. Offensichtlich kannte er jede Mitarbeiterin des Cafés und stellte mich als Gast des Hostels vor, der ihn im Auto mitgenommen hatte. Wir hätten auch Fremde sein können, die zufällig einen Tisch teilten. Ich verlor den Mut. Vermutlich hatte ich mir alles nur eingebildet. Die ganze Situation war albern. Ich hatte mich auf einen One-Night-Stand eingelassen und das war meine Entscheidung gewesen. Fertig.

KAPITEL 4

Innerlich suchte ich nach einem Aufhänger, um herauszufinden, ob er das so sah. Ich wollte außerdem mit ihm über Jesus reden und ihm sagen, dass ich ihm vergeben wollte. Aber es schien, dass es ihm egal war, ob ich ihm vergab oder nicht. Er war in seiner ganz eigenen Welt. Er hatte schon im Auto nach Alkohol gerochen. „Ich war letzte Nacht auf einer Party", sagte er. Ich nickte. Der Cappuccino und der Wodka wurden gebracht. Er würdigte mich keines Blickes. Stattdessen redete er lallend mit der kleinen Kellnerin. Eine andere Bedienung war merklich daran interessiert, mit ihm ins Gespräch zu kommen. Bestimmt hatten sie miteinander geschlafen. Und sie hatte es so gewollt!

Ich schämte mich in Grund und Boden, weil ich nicht einfach aufstand und ging, obwohl er mich so behandelte. Ich hatte mich zum Affen gemacht. Es war offensichtlich. Wie konnte ich mit diesem Menschen frühstücken gehen? Ich schämte mich außerdem für ihn, weil der Alkohol ihm offensichtlich nicht bekam und er von Minute zu Minute lauter wurde und vermehrt stammelte. Wie sehr ich doch Alkohol in Wirklichkeit hasste! Unglaublich, dass ich getrunken hatte, nachdem ich so viele Jahre keinen Schluck angefasst hatte. Über fünf Jahre hatte ich nicht mal ein Bier getrunken. Ich hatte das aus Überzeugung getan. Und dann, als mein Mann und ich uns trennten, hatte ich mal ab und zu ein Glas Wein getrunken. Bier mochte ich eigentlich nicht besonders, aber wenn man mir eines anbot, sagte ich dazu nicht nein. Irgendwann kaufte ich dann auch mal Likör für den Hausgebrauch und mixte mir Longdrinks. Später probierte ich Whisky. Solange es edle Getränke waren, die ich trank, konnte man mich wohl kaum als alkoholabhängig bezeichnen. Auch trank ich nie so viel, dass ich betrunken war. Aber nach einer Weile bemerkte ich, dass ich sehr gerne trank und dass es zu meiner täglichen Routine geworden war. Erst abends beim Essen und dann auch mal ab und zu mittags beim Mittagessen. Als ich dann eines Nachts an meinem Computer saß und wieder einmal eine große Lust auf Whisky bekam, erschrak ich plötzlich vor mir selbst. Wieso war es so weit gekommen?

Jetzt fühlte ich mich noch schlechter als vorher. Ich wollte unbedingt, dass sich mein Leben änderte. Es konnte so nicht weitergehen. Der Mann an meinem Tisch, für den ich nichts als Abscheu empfand, begann sich einen Joint zu drehen. Ich fühlte mich klein, schwach und wertlos, aber nach außen hin ließ ich mir nichts anmerken. Innerlich wollte ich aufstehen und wortlos gehen. Er hätte dann bestimmt so getan, als hätte er es nicht bemerkt. Oder er hätte es vielleicht wirklich nicht, so breit wie er war. Es hätte auch keine Rolle gespielt. Er hatte mir jede Chance auf Vergebung genommen und ich hatte wieder einmal auf die harte Tour lernen müssen, dass Versöhnung nicht immer möglich ist. Jedenfalls nicht auf die Art und Weise, wie wir es uns manchmal erhoffen. Und weil ich das nicht wahrhaben wollte und nicht glauben konnte, tat ich das einzig Dumme, das ein Mensch in einem solchen Moment tun konnte: Ich blieb den Morgen über mit ihm im Café und fuhr ihn danach zum Hostel, wo ich mich für eine weitere Nacht als Gast einschrieb.

Der Tag in Wilderness warf mich gedanklich weiter zurück in meine Vergangenheit. Das Kotzen zehn Jahre zuvor hatte meine Tage gefüllt. Es vereinnahmte mich deshalb so sehr, weil es schwierig wurde, soziale Kontakte zu pflegen, ohne dass auffiel, dass etwas nicht stimmte. Gemeinsames Essen wurde auch in meinem Elternhaus schwierig. Jedes Mal, wenn wir fertig waren, stand ich vom Tisch auf und ging ins Bad. Ich steckte mir den Finger in den Hals und versuchte, den Würgreflex möglichst kleinzuhalten, damit meine Mutter nicht hörte, dass ich mich übergab. Wenn ich alleine im Büro war, war es perfekt. Ich konnte mir allerlei Süßigkeiten zuführen und sie ungesehen wieder ausspeien. Das wirklich Schwierige war, dass ich regelrecht süchtig wurde nach diesem Ritual. Jedes Erbrechen war wie eine Art Reinigungsritus. Wann immer ich emotional aufgerüttelt wurde, mich ärgerte oder gestresst war, aß und brach ich. Meine Arbeit litt darunter, denn ich konnte mich nicht länger als zehn Minuten am Stück konzentrieren. Ständig hatte ich den Drang, mich zu übergeben. Es war kein körperliches Verlangen, sondern eines, das tief aus meiner Seele kam. Ich sehnte mich nach Beständigkeit, Heimat und Freundschaften. Aber ich war unglaublich einsam. Das elfte Schuljahr auf dem Berufskolleg begann recht ernüchternd. Meine neuen Schulkameradinnen waren hauptsächlich junge Frauen, die alle zwischen 16 und 24 Jahre alt waren. Man sah den meisten an, dass sie bereits etwas erlebt hatten. Zum einen tat es gut, sich mit Menschen zu umgeben, die auch eine Geschichte hatten. Denn in einer Umgebung mit lauter jungen Grünschnäbeln hätte ich mich vermutlich völligst isoliert gefühlt. Aber gleichzeitig waren diese junge Frauen nicht wirklich am Unterricht interessiert. Sie waren laut und störten permanent. Die laute Art meiner Klassenkameradinnen stresste mich. Ich fühlte mich unwohl in ihrer Gegenwart.

Während der Pausen suchte ich Entspannung, aber bei einer Schule mit mehreren Tausend jungen Erwachsenen war das schwer zu finden. Ich hatte Mitleid mit den Lehrern, die ich schnell in mein Herz schloss, weil sie so transparent und liebevoll waren. Sie ignorierten einfach das unpassende Verhalten meiner Klassenkameraden weitgehend. Vielleicht lag das an der pädagogischen Ausrichtung der Fachoberschule, die ich besuchte, denn ich empfand sie als sehr geduldig und gelassen. Die Pädagogen schienen das Verhalten meiner Mitschülerinnen jedenfalls nicht persönlich zu nehmen.

Mir gefiel, dass wir uns nun gegenseitig mit den Lehrkräften siezten. Das führte bei mir automatisch dazu, dass ich mich ernstgenommen fühlte und bereit war, mich auf einer Ebene mit ihnen zu verständigen. Auch hatte ich mir vorgenommen, mich mündlich von meiner besten Seite zu zeigen. Die Drogen hatten mich gelehrt, dass ich gut mit anderen in Kontakt kommen konnte. Während meiner Clubbesuche hatte ich viele tiefe Unterhaltungen geführt und auch ein paar intelligente Persönlichkeiten kennengelernt. Für mich war ganz klar, dass ich ohne Drogen genauso reden konnte wie mit Drogen. Denn ich war die gleiche Person geblieben und die Substanzen hatten nur etwas freigesetzt, was vorher verborgen geblieben war. Mit dieser Einstellung ging ich zurück in die Schule. Allerdings besuchte ich sie im ersten Jahr nur zweimal die Woche. Die anderen Tage verbrachte ich in einem Kindergarten für ein Praktikum. Ich hatte mir die Stelle ausgesucht, weil es der leichteste Weg zu sein schien. Eine Bekannte hatte vorher in dem gleichen Kindergarten gearbeitet, und so hatte ich eine Idee von dem, was mich erwartete: Essen für die Kinder vorbereiten und Spielzeug aufräumen. An meinem ersten Tag war noch alles recht gut verlaufen. Man hatte mir alles gezeigt und mir dann gesagt, ich solle mit den Kindern spielen. Ich setzte mich auf eines der kleinen Stühlchen und sah das fremde Mädchen neben mir fragend an. Ich hatte keine Ahnung, was ich mit ihr machen sollte. Als Einzelkind hatte ich keine Geschwister gehabt, mit denen ich hätte spielen können. Und da ich ein stilles und eher ängstliches Kind gewesen war, hatte ich auch im Kindergarten nicht viele Freunde gehabt. Um zu vertuschen, was in mir vorging, verzog ich mich in den nächsten Wochen in die Küche unserer Spielgruppe und gab mich besonders intensiv dem Hirsebrei-Kochen hin. Da ich nun aber an der Nahrungsquelle saß, kam ich in eine schwierige Situation. Wann immer ich den süßen Brei probierte, war ich gezwungen, ihn wieder loszuwerden. Und so suchte ich nach Möglichkeiten, immer wieder heimlich auf die Toilette gehen zu können. Ich war eingenommen von meiner Angst zu versagen und der Scham, dass ich nicht wusste, wie man mit Kindern umging. Gleichzeitig war ich gefangen in der Küche mit meinen Feinden, den Kalorien. Es war schwierig für mich, mich auf meine Umwelt zu konzentrieren, weil ich so sehr mit mir selbst beschäftigt war. Da ich weder im Kindergarten noch in der Schule einen Ort hatte, an dem ich mich sicher fühlte, ließen meine Leistungen stetig nach. Ich verkroch mich immer mehr in mein Schneckenhaus und war froh, wenn ich abends ins Fitnessstudio gehen konnte. Der Blick in den Spiegel und die Kontrolle der Waage standen für mich in dieser Zeit im Mittelpunkt und gaben mir Halt. Vor allem mit der Waage konnte ich meinen persönlichen Erfolg und Misserfolg sofort messen. Und wenn mein Gewicht wieder einmal zu hoch war und ich mein Fressen nicht unter Kontrolle bringen konnte, musste ich mich unmittelbar bestrafen. Ich ritzte mich. Etwas, das ich bereits im Alter von 13 Jahren begonnen hatte. Es war ein weiterer Weg, mit meinem Schmerz umzugehen, denn wann immer meine Wunden brannten und bluteten, fühlte ich mich lebendig und der tiefe Schmerz in meinem Herzen ließ nach.

Der Spiegel war für mich seit meiner Jugend das Sinnbild von Wert und Weiblichkeit gewesen. Ich glaubte, dass mein Aussehen und mein Gewicht darüber bestimmten, ob ich anerkannt und gemocht wurde. Es gab kleine Momente mit meinem Vater, die mir das bestätigten. So zum Beispiel, als er eines Tages unhöflich zu mir sagte, dass mein Hintern so dick geworden sei, dass er nicht mehr auf die Kloschüssel passe. Damals war ich um die 11 Jahre alt gewesen. Zu Beginn meiner Pubertät trennten sich meine Eltern, was dazu führte, dass ich niemanden hatte, der mir erklärte, wie man mit dem anderen Geschlecht umging und was eine „gute und schöne" Frau ausmachte. Ich erinnere mich auch da nur an die Worte meines Vaters, der mich einmal gut gemeint warnte, dass Männer nur „das Eine" von mir wollen. Voller Angst davor, nicht geliebt und nur ausgenutzt zu werden, baute ich eine innere Abneigung gegen Männer auf, noch bevor ich beziehungsreif war. Gleichzeitig hatte ich einen Hass auf meine eigene Weiblichkeit, weil Weiblichkeit für mich dafür stand, ausgenutzt zu werden und zu versagen, und ich wusste, dass mein Vater sich eigentlich einen Jungen gewünscht hatte. Mit 15 Jahren begann ich, mir die Brüste abzuschnüren, um weniger Kurven zu haben, und begann, lieber mit Jungs als mit Mädchen abzuhängen. Meine ganze Identität haftete an meinem Körper und der Reaktion der anderen auf mich. Ich konnte nicht gewinnen. Denn selbst, als ich die anerkennenden Blicke der Männer erntete, nach denen ich mich sehnte, zog ich doch nur genau diejenigen Männer an, die mein Vater heraufbeschwört hatte: denen es nur um Sex ging. Mein erstes Mal erlebte ich auf Drogen. Ich hatte es mir aufgespart, bis ich volljährig war, nur um es dann aus Wut auf mich selbst und meine Unerfahrenheit an jemanden zu verschenken, der es nicht wertschätzte. Weitere sexuelle Erfahrungen hatte ich während der Monate danach gemacht: Ein paar One Night Stands. Bedeutungslos. Schmerzhaft. Und immer auf Drogen.

Während meines ersten Schuljahres auf dem Berufskolleg lernte ich meinen ersten richtigen Freund kennen. Wir waren beide mit lauter Techno-Musik durch unsere Kleinstadt unterwegs gewesen und so aufeinander aufmerksam geworden. Eines Tages hatte er mir einen Zettel mit seiner Telefonnummer an die Scheibenwischer geklemmt. Ich empfand das als superromantisch, da es endlich jemanden gab, der sich für mich interessierte. Wir kamen schnell zusammen und ich war auf Wolke sieben. Endlich gab es jemanden, mit dem ich täglich zusammen sein konnte. Bei dem ich ein und aus ging. Dass wir immer öfter stritten, fand ich anfangs nicht schlimm. Ich hatte in meiner Jugend so viel mit meinen Eltern gestritten, dass das sogar ziemlich normal für mich war. Irgendwann begannen wir uns zu beleidigen und unsere Streitereien wurden lauter und aggressiver. Im nächsten Schritt fiel mal eine Ohrfeige, und wir begannen uns zu schubsen. Schreien, schubsen und schlagen: Ich fand es emotional auslaugend, einfach anstrengend. Aber nie dachte ich auch nur einen Moment lang, dass das anormal sei.

Wenn mir alles zu viel wurde, kotzte ich wieder. Was mir aber nicht normal erschien, war, dass fremde Mädchen sich in der Disko auf seinen Schoß setzen durften, wie ich wenig später herausfand. Als ich ihn dazu zur Rede stellte, sagte er nur, ich solle mich nicht so anstellen. Ein Satz, den ich bis in alle Ewigkeit hassen würde. Ich versuchte es. Ich versuchte, mich nicht anzustellen. Aber in mir kam immer wieder der Gedanke hoch: Er will nur mit mir ins Bett. Er will gar nicht mit mir zusammen sein. Ich übernachtete fast täglich bei ihm, aber ich weigerte mich, zärtlich mit ihm zu sein. Er machte immer wieder Annäherungsversuche und auf mein „Nein, ich möchte das nicht!", reagierte er nicht und machte einfach weiter. Ich kämpfte innerlich, aber sagte zu mir selbst immer wieder, dass ich in einer Beziehung Sex haben musste, auch wenn ich nicht wollte und mich nicht wohl damit fühlte. Mein tiefster Wunsch war, ein „normales" Leben zu führen. Oder eben eines, das nah dran war an dem, was ich für normal hielt.

Meine Ess-Brechsucht hatte nicht nur Auswirkungen auf meinen Alltag, sondern auch auf meine Hormone. Zwar nahm ich die Pille, aber es war nicht gewiss, dass sie bei meiner regelmäßigen Magenleerung „drin" blieb.

SPIEGLEIN, SPIEGLEIN

Mein Zyklus war über Jahre hinweg regelmäßig gewesen, angepasst an die Pille, die ich bereits mit 13 angefangen hatte zu nehmen. Meine Krankheit aber brachte alles durcheinander und stellte vieles auf den Kopf. Und so fand ich es nicht ungewöhnlich, dass meine Menstruation erst etwas unregelmäßiger kam und dann plötzlich eines Tages ausblieb. Erst als einige Wochen vergangen waren und sich immer noch kein neuer Rhythmus einstellte, begann ich mich zu wundern. Ich machte einen Schwangerschaftstest, um sicherzugehen, dass alles in Ordnung war.

Innerhalb eines Moments änderte sich alles für mich, als ich auf das kleine rote Pluszeichen auf dem Teststreifen starrte. Der Test war positiv, ich war schwanger. Und die Unsicherheiten, die ein Teil von mir geworden waren und mein Leben bestimmten, all das Anormale und all die ungeklärten Fragen in mir wurden still. Da lebte jemand in mir und ich hatte diesen jemand lieb. Instinktiv nahm ich das Baby als „meins" an und nicht als „unseres". Ich wollte es beschützen vor der Gewalt und der Unsicherheit unserer Beziehung. Wollte es schützen vor einer Welt, die ich als kalt und grausam empfand, und wollte es sogar schützen vor mir selbst. Ich beschloss von einem Moment auf den anderen, mit dem Kotzen aufzuhören. Meinem Freund teilte ich nur kurz und knapp mit, ich sei schwanger. Viel mehr wollte ich in dem Augenblick nicht mit ihm besprechen. Ich musste mich auf ein sehr viel schwierigeres Gespräch vorbereiten: das mit meinen

KAPITEL 4

Eltern.

Mein Vater reagierte gefasst aber ernst. Ich hatte zugestimmt, ihren Regeln zu folgen, wenn ich zurückzog: Ich hätte mit meinem Leben gespielt, sagte er, und nun würde ich mit dem Leben von jemand anderem spielen. Er argumentierte, dass ich weder eine Ausbildung noch Geld hätte und ich verstand, dass ich mit keiner Unterstützung von Seiten meiner Eltern rechnen konnte, wenn ich das Kind behalten wollte. Meine kleine Welt brach innerhalb weniger Sekunden zusammen. Mein Vater hatte an meinen Verstand appelliert, aber ich hingegen brauchte Trost für mein zerbrochenes Herz! Es stimmte, dass ich keine Ausbildung hatte, ja. Aber war ich wirklich so ein Niemand? Unverantwortlich? Unfähig? War es nicht erst einmal genug, ein Kind einfach nur zu lieben? Ich fühlte den Druck der Erwartung auf mir. Wenn ich das Kind behalten wollte, musste ich ausziehen. Ich war mut- und kraftlos. Die Tatsachen sprachen gegen mich. Meine Beziehung war am Ende, meine Schulnoten sahen wieder einmal schlecht aus, ich hatte eine ernst zu nehmende Ess-Brechsucht und keine guten Freunde. Ich wohnte noch Zuhause, wo ich mich mehr geduldet als verstanden fühlte. Innerlich brach ich zusammen. Ich war ein Niemand. Ein absoluter Niemand. Und mein Vater hatte recht: Ich hatte dem Kind nichts zu bieten. Rein gar nichts.

Ich lief zu den obligatorischen Beratungsstellen, zu denen man eben gehen muss, damit man einen

Schwangerschaftsabbruch durchführen darf. Ich versicherte den Damen, dass ich mir sicher war in meiner Entscheidung. Und an einem kalten Nachmittag ging ich in eine Praxis, zog mich aus und legte mich auf eine Liege. Ich lächelte brav, als der unsympathische Arzt einen Witz machte und mir die Maske mit dem Narkosemittel aufsetzte. Und als ich wenig später wie benommen aufwachte, war ich leer. Körperlich und emotional. Ich übergab mich vom Schmerzmittel und meine Welt drehte sich. Jedes Körperteil fühlte sich unendlich schwer an. Ich lag auf einer kleinen Liege in einem Aufwachraum. Ich war allein. Eine unendliche Traurigkeit kam über mich. Und ich wusste, dass ich diese Traurigkeit nicht besiegen konnte. Es war die Art von Traurigkeit, die einen einnimmt, wenn man einen geliebten Menschen verliert. Alles verändert sich und man kann nichts daran ändern. Man geht unter Leute und alle benehmen sich, als sei alles wie immer. Aber nichts, wirklich gar nichts, ist mehr so wie es war. Als ich die kleine ambulante Praxis verließ, sah ich Menschen die Straße rauf und runter laufen. Wo sie wohl hingingen? Ob sie mir ansahen, wie es mir ging?

Als ich wieder nach Hause kam, war der Haussegen wieder in Ordnung. Wir sprachen nicht weiter über den Vorfall und es wurde vorausgesetzt, dass die ganze Sache nicht weiter an die große Glocke gehängt werden würde. Meinem Freund hatte ich gesagt, dass ich die Trennung wollte. Nur wenige Tage vorher hatte ich Tausende von Nacktbildern auf seinem Computer gefunden, einschließlich solcher von seiner Ex-Freundin. Ich hatte genug von so einem Mann. Ich war mehr Wert. Das entschied ich. Ich entschied außerdem, dass mich die Abtreibung nicht kaputtmachen würde. Ich wusste, dass es für manche Frauen ein so einschneidendes Erlebnis war, dass sie nie wieder normal leben konnten. In mir war eine so große Liebe für das Baby, das ich gerade verloren hatte, dass ich ihm ein Versprechen gab: „Ich werde etwas aus meinem Leben machen! Und ich werde die Schule fertigmachen und Studieren gehen, für dich."

Und ich vergrub den Schwangerschaftstest und meinen Verlobungsring, den mir mein Freund wenige Wochen vorher angesteckt hatte, unter einem Baum auf einem Hügel. Ich weinte, bis ich keine Tränen mehr hatte. Und dann drehte ich mich um und ging zurück. Ich hatte eine Mission: Ich wollte Lernen gehen für den nächsten Schultag.

Mein Vertrauenslehrer hörte mir aufmerksam zu, als ich ihm meine Geschichte erzählte. Eigentlich sollte ich das Schuljahr wieder nicht schaffen, es sei denn, er würde mir eine unverdiente „vier" in Psychologie geben. „Versprechen Sie mir, dass Sie sich nächstes Jahr bessern werden?" „Ich verspreche es!", sagte ich und schenkte ihm ein dankbares Lächeln, als er mir den Handschlag gab. Ich war bereit für Veränderung.

„Ich hatte nichts von Liebe verstanden, bis ich Christus kennenlernte." s.z.

AUF KNIEN

Um ihn besser kennenzulernen, verbrachte ich möglichst viel Zeit mit ihm im Hostel und hoffte, auf diese Weise Frieden mit der Situation zu schließen. „Ich mache mich klein wie ein Schoßhund, der vor seinem Herrchen sitzt und darauf wartet, hochgehoben zu werden," dachte ich kurz vor meiner Abreise. Ich war um seine Beine gestreunt und hatte auf Zuwendung und Versöhnung gehofft. Als ich Wilderness am nächsten Tag verließ, wusste ich, dass ich nicht noch einmal zurückkehren würde.

„Vielleicht war ja auch alles gar nicht so schlimm!", dachte ich immer wieder. Blickte ich mit etwas Abstand auf das Erlebte zurück und fragte mich, was ich mir dabei gedacht hatte, eine weitere Nacht zu bleiben. Ich musste mir die Situation schöngeredet haben und hatte sogar versucht, mich mit meinem jungen Peiniger anzufreunden. In außergewöhnlichen Umständen tut man anscheinend ungewöhnliche Dinge, und in meinem Fall hatte ich etwas ungewöhnlich Dummes getan. Es hatte meine Gedanken und den Bezug zur Realität verblendet, aber ich hatte mir nicht anders zu helfen gewusst. Erst Jahre danach sollte ich lernen, dass mein Verhalten nicht einmal ungewöhnlich für ein Missbrauchsopfer gewesen war. Wie auch andere in einer solchen Situation, hatte ich das Geschehene nicht wahrhaben wollen und unangemessen reagiert, weil ich versuchte, meine Seele zu schützen – dafür wählte ich den einzigen Weg, den ich kannte: Angriff!

Neun lange Jahre waren seit meinem grausamen Schwangerschaftsabbruch vergangen und ich hatte immer noch Erinnerungen an den Tag, an dem ich operiert worden war. Seitdem fehlte jemand in meinem Leben, und Jahr für Jahr stellte ich mir vor, wie mein Kind Geburtstag gehabt hätte und mein Leben aussehen würde, wenn es lebte. Ich erinnerte mich nicht an den konkreten Todestag meines Babys – auch etwas, das ich verdrängt hatte. Aber weil ich mir einen Tag wünschte, an dem ich trauern konnte, legte ich den Todestag meines kleinen Schatzes auf den 25.2.2002. Damals war ich zurück zur Schule gegangen und hatte das letzte Jahr so viel gelernt wie niemals zuvor. Das, was mit einem weiteren Schulverweis hätte enden sollen, wurde zu einem Wendepunkt in meinem Leben!

AUF KNIEN

Im letzten Schuljahr fand ich dann heraus, dass ich leidenschaftlich gerne lernte und viele Interessen hatte. Ich mochte plötzlich die Vielfalt der Biologie, die Herausforderungen der Beweise in der Mathematik und die Praktikabilität von Wirtschafts- und Rechtslehre. Aber am meisten Spaß machten mir Pädagogik und Psychologie. Es fiel mir leicht, mich in andere hineinzuversetzen, und in vielerlei Hinsicht konnte ich mein Leben aufarbeiten. Ich schloss die Schule gemeinsam mit einer Mitschülerin als Stufenbeste ab. Gerade weil ich so breit gefächerte Interessen hatte, wusste ich nicht genau, was ich studieren sollte. Ich bewarb mich für ein Psychologiestudium in einem integrierten Studiengang, aber bekam die Antwort, dass ich ein Wartesemester auf mich nehmen müsste. Da ich noch immer bei meinen Eltern wohnte, war ein weiteres Jahr des „Nicht-weiter-Kommens" keine Option. Ich musste mich entscheiden.

Mein Ex-Freund war nach seinem Abschluss ein Jahr zuvor in der Nähe wohnen geblieben und studierte Informatik. Da ich einsam war und mir erlaubt hatte, schwach zu sein, hatten wir uns ab und zu getroffen. Ich hatte mir gewünscht, dass wir wieder zusammen kommen könnten, so sehr sehnte ich mich nach einem Hafen, nach Heimat – nach jemandem, der mit mir leben wollte. Obwohl ich wusste, dass es keine gute Idee war, entschied ich, in der gleichen Stadt wie er Biotechnologie zu studieren. Ich hoffte, im Studium den Sinn meines Lebens zu finden! „Hauptsache ich mache das Studium erst einmal fertig, danach kann ich ja immer noch überlegen, wie es praktisch weitergeht", dachte ich. In der Info-Broschüre hieß es, dass ich etwas über ganz neue Technologien lernen würde – in einem jungen aufsteigenden Sektor, in dem es viele Arbeitsplätze gibt. Aber besonders gut gefiel mir, dass an der Hochschule größtenteils Männer studierten. Meine Meinung zu Frauenfreundschaften hatte sich bis dato nicht geändert und durch die schweren Jahre hatte ich an Selbstwertgefühl verloren – ich war zu schwach, mich zu messen und zu vergleichen!

Die Sache mit meinem Ex ging nicht lange gut. Natürlich nicht! Er sprach ganz offen darüber, dass er nur Sex wollte. Er erzählte mir auch nebenbei, dass er auch die Freundin vor mir geschwängert hatte. Ich verstand nicht, warum er mir das erst dann erzählte, und ich hasste ihn dafür. Ich hasste, dass es ihm anscheinend nichts ausmachte, entstehendes Leben zu töten und dass er sich offensichtlich wohl dabei fühlte, mich und andere auszunutzen. Aber statt mich von ihm fernzuhalten, wollte ich ihn überzeugen, dass er doch eigentlich ein viel besserer Mensch war. „Ich kann einfach nicht glauben, dass du so kaltherzig bist!", versuchte ich ihn zu überzeugen. Wollte er wirklich nur Sex? „Willst du nicht ein ehrenhaftes Leben führen und Frauen gut behandeln?", fragte ich ihn. Aber natürlich wollte er davon nichts wissen. Ich dachte, vielleicht sei ich einfach nicht die Richtige für eine solche Mission! Vielleicht eignete sich jemand anderes besser dafür.

Doch ich verstand nicht, dass Männer keine Missionsobjekte sind. „Sie lassen sich nicht einfach so ändern, damit sie werden, wie wir sie gerne hätten! Menschen lassen sich nur lieben!", lernte ich viele Jahre später von einer weisen Frau. Doch ich hatte weder gelernt mich selbst, noch andere zu lieben. In mir lebte der altmodische Mädchenwunsch, dass ein Prinz kommen sollte, der mich liebte und mit zu sich nehmen würde. In keinem Moment kam ich auch nur auf die leiseste Idee, dass das ein total egoistischer Wunsch war.

Ich hatte nichts von Liebe verstanden, bis ich Christus kennenlernte. Ich war schon immer Christ gewesen – auf dem Papier. Ich war in der katholischen Kirche als Kind getauft worden und feierte dort später die heilige Kommunion. Aber mehr war da nicht. So richtig verstanden hatte ich nicht, was es bedeutete, Gott nachzufolgen. Ich hatte auch keine Ahnung, wer Jesus eigentlich war und was er für mich getan hatte. Als ich mit Anfang 20 das erste Mal hörte, dass Gott mich liebt, mit all meinen Fehlern und all meiner Schuld, überraschte mich, dass Gott mich überhaupt kannte – vorausgesetzt es gab ihn!

Äußerlich war ich wie alle anderen Studenten. Morgens quälte ich mich aus dem Bett und stapfte den steilen Weg zur Hochschule hoch, um mich dann in eine manchmal mehr, manchmal weniger interessante Chemie- oder Mathevorlesung zu setzen. Ich war unglaublich dankbar, dass ich studieren durfte, denn der

Entschluss, etwas aus meinem Leben zu machen, wie ich es meinem ungeborenen Baby und mir selbst versprochen hatte, stand fest! Mir etwas zu erarbeiten, das auf den ersten Blick zu hoch für mich schien, gab mir einen Kick! Mein Unverständnis für Physik und Mathe waren maßgeblich an meinen Ehrenrunden auf dem Gymnasium beteiligt gewesen. Jetzt aber wollte ich mir und den anderen beweisen, dass ich alles lernen konnte, was ich wollte.

Ich war aber auch glücklich, mich in der anonymen Menge der Studenten verstecken zu können, denn innerlich war meine kleine Welt zerstört wie ein Schlachtfeld nach dem Krieg. Und keiner meiner Kommilitonen ahnte auch nur, was sich in meinem Herzen abspielte. Zwar wünschte ich mir auch, Freundschaften aufzubauen, aber mir war nicht nach mondänen Dingen wie Kinobesuchen oder Billard spielen zumute. Ich sehnte mich nach Tiefgang und lehnte Oberflächlichkeit insgeheim zutiefst ab. Aber meine Bekannten waren sichtlich überfordert, sobald ich in unseren Unterhaltungen etwas in die Tiefe ging. Denn eigentlich war alles, was ich zu erzählen hatte, schmerzhaft. Konnte ich etwa keine Freundschaften haben, weil ich so viel erlebt hatte, mit dem die anderen nicht umgehen konnten? Sie ließen mich spüren, dass so eine Vergangenheit vor einen Therapeuten gehörte und nicht in ein Treffen mit Kommilitonen. Es gab jedoch einen jungen Mann, mit dem ich auch tiefe und bedeutsame Gespräche führen konnte. Ihn hatte ich beim Badminton kennengelernt und er war auch derjenige, der mir das erste Mal so richtig viel von Gott erzählte. Ein Jahr zuvor hatte mich schon einmal jemand mit zu einem Gottesdienst genommen. Aber ich hatte schnell entschieden, dass das nichts für mich war: Jesus. Aussagen wie „Ich bin nichts ohne Jesus!", oder „Jesus habe ich mein Leben zu verdanken!", schreckten mich ab. Für mich klang das nach einer Religion für Menschen, die sich selbst nicht leiden konnten. Noch immer glaubte ich daran, dass wir selbst für unser Leben verantwortlich sind und dass alles, was geschieht, eine logische Konsequenz unseres eigenen Handelns ist. Wenn ich gute Noten schrieb, dann hatte ich das meinem eigenen Lernen zu verdanken und nicht irgendeiner Gottheit, so glaubte ich. Die letzten Jahre hatten mich hart auf die Probe gestellt und einige tiefe Wunden hinterlassen – dennoch glaubte ich nicht, dass ich einen Heiland brauchte. Von Religion hielt ich nicht viel, weil ich die Religiösen nicht ernstnahm. Ich kannte niemanden, der wirklich hingebungsvoll für Gott lebte. So etwas hatte ich vielleicht mal im Fernsehen gesehen, aber ich verstand es nicht. Ich war in einem Land groß geworden, in dem die Menschen vor allem an ihre eigene Kraft glaubten.

Mein neuer Bekannter wurde für mich zu einem sehr interessanten Gesprächspartner, der offensichtlich radikal auf der Suche nach einer höheren Wahrheit war. Da ich selbst nach dem Sinn in meinem Leben suchte, begab ich mich mit auf seine Reise und suchte mit. Bei einem Glas Rotwein erklärte ich ihm eines Abends: „Das Leben beginnt dann, wenn ich tot bin!", das war meine tiefe Überzeugung. Ich glaubte, dass ewiger Friede nur in ewiger Ruhe gefunden werden konnte. Die Welt war zu friedlos, um Leben in Fülle zu bieten. Mein Freund antwortete daraufhin sehr selbstbewusst: „So einfach ist das nicht! Du musst die Entscheidung treffen, wie du ewig leben willst. So wie du dein Leben hier auf Erden lebst, so wird es für immer weiter gehen: Mit oder ohne Gott! Mit oder ohne Himmel! Mit oder ohne Frieden!" „Wirklich?", ich kräuselte meine Stirn. Das brachte mich ernsthaft zum Nachdenken: „Wie soll das gehen?", fragte ich. „Ist das nicht das gleiche, wie positives Denken?" Wie sollte mein Denken über meine Ewigkeit bestimmen? Wie konnte ich mir überhaupt aussuchen, wie ich leben wollte? Kann man sich das wirklich aussuchen? Ich glaubte eher an Schicksal! Daran, dass man durch das Schicksal in eine Familie und ein Land geboren wird und dass Leben dann einfach passierte. Und dass man eben mit dem leben musste, was einem vorgesetzt wird. „Die Bibel lehrt uns, dass Jesus das Leben ist", sagte er dann. „Er ist für uns gestorben, damit wir für immer mit Gott zusammen leben können. Gott kann nicht mit uns leben, wenn wir sündigen. Ein heiliger Gott und Sünde, das passt nicht zusammen! Ein heiliger Gott kann nicht mit Sündern leben! Aber wenn wir verstehen und glauben, dass Jesus für uns und die Sünde mit ihm gestorben ist, dann haben wir das Recht, Gott unseren

Vater zu nennen. Wir können zu ihm kommen und haben Zugang zum Himmel – und ewiges Leben! Aber du kannst nicht warten, bis du stirbst. Du musst dich jetzt entscheiden, das zu glauben. Wenn du das tust, wirst du spüren, dass die Ewigkeit, das Zusammenleben mit dem Vater, schon jetzt beginnt. Und dein Leben wird sich von Grund auf ändern!" Wo hatte er diese Erkenntnis denn auf einmal herbekommen? Das klang extrem verrückt. Stand so was in der Bibel?! Was er erzählte, klang merkwürdig. Aber irgendwie fesselte mich der Gedanke an einen Retter auch. Bis zu diesem Tag hatte ich schließlich schon oft davon geträumt, gerettet zu werden: Dass ein Mann mich zu sich aufnehmen, lieben und versorgen würde!

Ich beschloss herauszufinden, ob an der Sache etwas dran war. Mein Bekannter lud mich zu einem Glaubensgrundkurs ein: „Komm doch mit in die Gemeinde! Dort wird dir alles erklärt werden und du kannst Fragen stellen."

Zu Beginn dieser „geistlichen Reise" hatte ich nicht viel Hoffnung, dass es Gott tatsächlich gibt. Meine privaten Studien der Philosophen und Religiösen hatten mich mit meiner Anti-Haltung gegenüber Religion zurückgelassen. Dennoch besuchte ich in den nächsten vier Wochen mehrere Gottesdienste, Lobpreis- und Glaubensgrundkursabende. Obwohl das alles sehr interessant war, war ich trotzdem skeptisch. Auf keinen Fall wollte ich einer Gehirnwäsche zum Opfer fallen. Überraschenderweise waren die Menschen in dem

Glaubensgrundkurs anders als alle, die ich jemals getroffen hatte. Am ersten Abend saßen wir zusammen an einer langen Tafel und teilten unser Essen miteinander. Jeder hatte etwas mitgebracht, nur ich hatte nur eine Bananenmilch dabei, die schwierig zu teilen war, weil ich bereits aus der Flasche getrunken hatte. Aber niemand hatte mir gesagt, dass man Essen mitbringen sollte. Ich war überrascht, wie viele unterschiedliche Persönlichkeiten sich an einem einzigen Tisch befanden und sich über den Glauben unterhielten. Sie alle hatten etwas gemeinsam: Sie schienen ehrlich und freundlich zu sein und sie teilten anscheinend gern. Sowohl das mitgebrachte Essen als auch ihre Gedanken und Auszüge ihrer Geschichten. Irgendwie schien es, als würden sie jeweils dem anderen einen Vertrauensvorschuss geben. Den Frieden, der spürbar im Raum schwebte, wünschte ich mir auch. An jenem Abend beteten wir am Ende zusammen. Nun, die anderen beteten und ich hörte zu! Als wir die Anliegen sammelten, die wir vor Gott bringen wollten, sagte auf einmal ein junger Mann, der mir gegenüber saß und sein Herz auf der Zunge trug: „Für dich haben wir die letzten Male schon gebetet, dass du mitkommen würdest und den Platz einnehmen würdest, auf dem du jetzt sitzt, damit er nicht leer bleibt." Er grinste: „Und jetzt bist du hier! Gott ist gut!" Diese Sätze berührten mein Herz sehr. Jemand hatte für mich gebetet? Jemand hatte sich gewünscht, mich wiederzusehen? Da waren Menschen, die wollten, dass ich zu ihnen gehörte? Der große Tisch mit Fremden verwandelte sich schlagartig in einen Familientisch und es schien, als wurden die anderen Teilnehmer des Kurses zu Geschwistern. Nach jenem Abend ging ich intensiver auf die Suche. Ich sprach Gebete wie: „Gott, wenn es dich wirklich gibt, dann sprich zu mir! Zeig dich mir!" Es waren einfache Gebete, von denen ich nicht dachte, dass sie etwas bewirken würden. Wie betete man richtig? Gab es ein richtig und falsch? Da ich keine Ahnung hatte, blieb ich bei meinen einfachen Worten und übte mich in Geduld. Wie lange Gott wohl brauchte, um zu antworten – sofern es ihn gab?

Ich begann, das Neue Testament zu lesen. „Lies das Johannesevangelium", hatte man mir ans Herz gelegt. Es bewegte mich literarisch, und gleichzeitig war es, als spürte ich einen Teil von mir, den ich niemals zuvor wahrgenommen hatte. Außerdem besuchte ich die sonntäglichen Gottesdienste, und wurde Mitglied einer Kleingruppe, die sich regelmäßig traf, um Gemeinschaft zu haben, Bibel zu lesen und zu beten. Dort bekam ich nicht immer die Antworten, die ich suchte, aber ich reflektierte, was ich in der Bibel unter der Woche gelernt hatte und maß die anderen auch daran. Ich wollte wissen, ob die Christen wirklich authentisch waren. Eine Sache, die ich nicht verstand, war, warum wir denn laut beten sollten, wenn Gott doch unsere Gedanken kannte. Und warum sprachen die Menschen so lange Gebete, obwohl ich doch in der Bibel gelesen hatte, dass man nicht schwafeln sollte!? Schnell erkannte ich, dass Menschen unterschiedliche Auffassungen von dem hatten, was die Bibel an manchen Stellen schreibt, aber dennoch hatten sie alle eins gemeinsam: Sie liebten Gott. Und so sehr mein überhebliches Ego auch nach Gründen suchte, dass das Christentum ein Irrsinn war, konnte ich den Menschen um mich herum nicht absprechen, dass sie etwas hatten, das ich mir wünschte: Frieden! Darum betete ich schließlich auch immer öfter zu Hause. Ich stellte fest, dass die Bibel irgendwie auf meine Gebete und Fragen einging, und manchmal fühlte es sich wirklich so an, als würde Gott durch die gedruckten Seiten zu mir sprechen. Und dann eines Tages, im Chaos meines Alltags, bekam ich eine direkte Antwort vom Himmel. So eine, wie ich sie mir nicht selbst hätte ausdenken können: Gott schenkte mir eines Abends eine Vision! Nach einem schmerzhaften Streit mit meinem Freund, dem jungen Mann, der mir von Jesus erzählt hatte und mit dem ich nach ein paar Besuchen in der Gemeinde zusammen gekommen war, lief ich nach Hause, verschloss die Tür meines Schlafzimmers und betete zu Gott. Ich schüttete ihm mein Herz aus und erzählte ihm alles, was mich bewegte. Ich schluchzte und weinte, und schließlich wurde ich ganz still. Mit geschlossenen Augen sah ich auf einmal das Kreuz vor mir. Das Kreuz auf einem Hügel. Und an diesem Kreuz hing Jesus. Ich ging näher und betrachtete ihn. Wie er dort hing, blutend, voller Striemen. Und als ich vor ihm stand und begriff, dass er dort wegen mir und meiner Fehler hing, bemerkte ich außerdem, dass unter dem Kreuz ein Körbchen stand. In diesem Körbchen lag ein Baby. Und Jesus sprach: „Was hast du gegen den, den ich liebe? Ich starb schon für ihn, als er noch ein Baby war. Noch bevor er sündigte, habe ich ihm schon vergeben. Deshalb, vergib auch du ihm!" Ich konnte nicht anders, als auf die Knie zu gehen und Gott anzubeten. Ich kniete vor meinem Bett und sah das Kreuz vor mir. Er wollte, dass ich meinem Freund vergab, so wie er ihm vergeben hatte. Und obwohl ich wusste, dass ich menschlich gesehen in unserem Streit im Recht war, war ich dankbar. Ich verstand endlich, wie sehr Gott liebte und welch eine Gnade er uns durch Jesus gezeigt hat. Wie groß seine Liebe für mich persönlich war – und für diejenigen um mich herum. Und zum ersten Mal in meinem Leben spürte ich die Kraft der Vergebung. Mein Herz wurde weich, mein Schmerz verließ meinen Körper und meine Erinnerung. Ich hatte nichts mehr vorzubringen gegen denjenigen, der mich so sehr verletzt hatte. Ich betete für eine Möglichkeit, ihm gegenüber Vergebung aussprechen zu können. Und nur wenige Minuten später klingelte es an meiner Haustür. Mein Freund war überrascht darüber, wie entspannt ich war, und ich erklärte ihm, was passiert war. Während ich sprach, bemerkte ich die Veränderung in ihm. Es war ein kraftvoller Moment. Mein Suchen war belohnt worden mit Frieden und Freundschaft mit dem mächtigen Gott, der Himmel und Erde gemacht hat – ein Gott, von dem ich jahrelang nicht gewusst hatte, dass es ihn gibt.

KAPITEL 5

Ich wurde Mitglied in meiner Ortsgemeinde und fand dort die Gemeinschaft, nach der ich mich insgeheim viele Jahre lang gesehnt hatte. Meine neue beste Freundin beantwortete geduldig alle meine Fragen zum Glauben, während wir stundenlang mit unseren Hunden spazieren gingen. Als eine große Gruppe von jungen Erwachsenen investierten wir uns in die Jugend unserer Gemeinde, in unserer Stadt und im erweiterten Landkreis. Ich liebte die wöchentliche Jugendarbeit und jährlichen Sommerlager. Es waren bunte Jahre, in denen ich Gott immer besser kennenlernte und meine Gaben ausprobieren durfte. Ich fühlte mich sicher im Kreis der Menschen, die ich liebte. Ich spürte, wie mein Herz von alldem heilte, was in den Jahren zuvor passiert war. Oft dachte ich nicht einmal mehr an die Vergangenheit. Mein Freund und ich heirateten und ich ging in die Seelsorge, um keine versteckten Altlasten in mein neues Leben zu schleusen. Wir zogen auf einen kleinen Hof auf dem Land und ein Traum schien für mich wahr zu werden: Wir hatten Pferde im Garten, unseren Hund und ein Rudel Meerschweinchen. Ich begann, Musik zu machen und Gott im Lobpreis die Ehre zu geben. Wir reisten viel durchs Land und besuchten christliche Konferenzen und Gemeinden. Ich war stolz darauf, dass ich Erfolg in dem Projekt für meine Diplomarbeit hatte, und schloss mein Ingenieurstudium mit Bravour ab. Das Leben war so, wie ich es mir vorgestellt hatte. Nach außen hin jedenfalls.

„Du zeigst mir den Weg zum Leben. Dort, wo du bist, gibt es Freude in Fülle; ungetrübtes Glück hält deine Hand ewig bereit."

Psalm 16,11

Kapitel 6

ANKOMMEN

....

Müde kam ich in Kapstadt an. Über die N2 fuhr ich in Richtung Zentrum und bog dann auf die M5 Richtung Norden ab. Ich wohnte an der Westküste, ganz in der Nähe des langen Sandstrandes, an dem das ganze Jahr über gute Wetterbedingungen für Kitesurfer herrschten. Aus allen Ländern kamen die Surfer angereist und bezogen für ein paar Wochen mit ihren Brettern die Hostels. Wenn man am Strand spazieren ging, konnte man oft Hunderte von Kitesurfen beobachten, die mit ihrem bunten Drachen das Meer unsicher machten. Ich träumte davon, ebenfalls über das Wasser fliegen und auf den Wellen reiten zu können. „Aber dieses Jahr werde ich leider keine Zeit mehr haben, das zu lernen", seufzte ich innerlich. Den Mietwagen hatte ich noch bis zum Ende meines

KAPITEL 6

Aufenthalts in Südafrika gebucht. Mir blieben noch zwei Wochen. Zwei Wochen, um zu rekapitulieren, was in diesem Jahr alles geschehen war. Zwei Wochen, um mich auf die Rückreise nach Deutschland einzustellen. Seit meiner Ankunft in Kapstadt vor einem halben Jahr, hatte ich viele neue Bekanntschaften geschlossen und das Leben von einer ganz neuen Seite kennengelernt. Die ersten Nächte in der neuen Stadt hatte ich in einem kleinen Hotel in Sea Point ganz in der Nähe der Promenade verbracht. Ich erinnerte mich daran, wie ich den Nachtwächter am ersten Morgen ganz schüchtern gefragt hatte: „Ist es okay, wenn ich an den Strand gehe?" Ich kannte bis dato nur das Stadtzentrum in Durban und war dort dafür getadelt worden, dass ich das Gelände des Drop-In Zentrums einfach so verlassen hatte, um spazieren zu gehen. Es sei zu gefährlich, war mir später gesagt worden. Der Nachtwächter in Sea Point aber lachte laut und sagte nur: „Wir sind doch hier nicht im Getto, Kleines!"

Auf der Promenade hatte ich einen Taxifahrer kennengelernt. Er hatte angeboten, mir die Stadt zu zeigen und mich später in ein äthiopisches Restaurant zum Essen eingeladen. Dass die Sache nicht so ganz geschäftlicher Natur war, bemerkte ich erst, als er mir ein Stückchen Weißbrot in den Mund schieben wollte und mir versicherte, dass man das in Äthiopien so macht. Damals war mir klar geworden, dass ich im Umgang mit Männern noch viel zu lernen hatte.

„Das ist offensichtlich ein sehr langer Prozess!",

dachte ich nun. Ich warf einen Blick in den Rückspiegel und sah den Tafelberg. Wie sehr ich diese Kulisse liebte! Nach den ersten Tagen im Hotel war ich in ein Studentenhaus in der Stadt gezogen. Dort musste ich mich neu mit dem Thema geistige Behinderungen auseinandersetzen, etwas, worin ich noch nie besonders gut gewesen war. Die erwachsene Tochter der Heimleitung war ihrem natürlichen Alter geistig hinterher gewesen. Eine Ausprägung davon war ihr mangelndes Gespür für Diskretion. Sie half ihrer Mutter bei der Reinigung unserer Räume und trat dabei in den unpassendsten Momenten ungefragt ein. Eines Morgens lag ich noch im Bett, als sich der Schlüssel im Schloss drehte und die Dame plötzlich neben mir stand: „Ich wechsele nur eben das Klopapier!", verkündete sie und stapfte an mir vorbei. Ein anderes Mal grillten wir gerade auf dem Hof – ich hatte ein paar internationale Studenten kennengelernt und mich mit ihnen angefreundet –, als ich durch ein sperrangelweit geöffnetes Fenster beobachten musste, wie sie ihr Geschäft verrichtete und sich danach ausgiebig das Hinterteil säuberte. Das war genug! Ich brauchte meine Privatsphäre und wollte schnell ausziehen. Während ich im Studentenhaus wohnte, hatte ich den Engländer kennengelernt und noch bevor wir auf Reisen gingen, packte ich all meine Sachen – ich wusste, dass ich nicht in die Unterkunft zurückkehren würde.

Nach meiner ersten Reise an der Küste entlang zog ich mit einem Afrikaner zusammen, den ich über

KAPITEL 6

Couchsurfing kennengelernt hatte. Er war mit einer Deutschen liiert und ich schätzte die Situation als unproblematisch und unkompliziert ein. Seine Eltern hatten die Wohnung gerade neu für ihn eingerichtet und mein Zimmer konnte ich möbliert beziehen. Als ich aber nach zwei Wochen feststellte, dass er während meiner Abwesenheit ungefragt in mein Schlafzimmer schlich, um meinen Internet-Stick zu benutzen, fragte ich mich erst einmal, ob ich mich vielleicht übertrieben aufregte. Aber nachdem ich ihn zur Rede stellte und er nur sagte, ich solle mich nicht so anstellen – den Satz, den ich über alles hasste –, fühlte ich mich übergangen und wenig wertgeschätzt. Ich zog aus, ohne die Miete zu zahlen, und unsere Freundschaft fand ein schnelles Ende.

Da ich zwischenzeitlich über Umwege eine neue Praktikumsstelle in der deutschen Gemeinde gefunden hatte, wurde ich auch schnell Teil der deutschen Gemeinschaft in Kapstadt. Es handelte sich dabei um Auswanderer der ersten bis dritten Generation, und es faszinierte mich, dass viele von ihnen gebürtige Südafrikaner waren, die perfekt Deutsch sprachen. Auch kulturell waren sie eher eine Mischung, denn ich konnte sie weder Deutschen, noch Südafrikanern ganz zuordnen. Meine neuen Freunde halfen mir, eine Bleibe zu finden. Und das war die Unterkunft, in der ich bis zum Ende meines Aufenthalts blieb und zu der ich nun zurückkehrte.

Als Gemeinschaft hatten wir uns regelmäßig zum

Braai, dem südafrikanischen Grillfest, getroffen. Dieses hat tatsächlich wenig mit dem Grillen gemeinsam, wie ich es kannte, war viel gemütlicher und dauerte oft viele Stunden. Jeder Gast brachte etwas mit, aber wenn das Fleisch dann vom Braai-Meister bei guter Laune und kühlem Bier gegrillt wurde, kam es danach auf eine große Platte und jeder teilte mit jedem. Wir trafen uns meistens am späten Nachmittag und die Männer entfachten zusammen das Holzfeuer, während wir Frauen gemeinsam Salate und Vorspeisen vorbereiteten. Ich erlebte selten einen Braai, zu dem weniger als zehn Leute eingeladen waren. An manchen Tagen waren wir bis zu zwanzig Personen, und immer saßen wir gemeinsam an einem großen Tisch, fein gedeckt wie eine Festtafel. Es gab guten südafrikanischen Wein, Bier und leckere Schorlen. Unser Braai-Meister spendierte zu jedem Fest ein großes Stück Rinder- oder Wildfilet, das er singend und lachend anschnitt und dann verteilte. Es diente der Eröffnung des Grillfeuers und somit des Fleischfests.

Durch meine neuen Freunde lernte ich erstmals die Stadt wirklich kennen. Hatte ich mich vorher zwar in den Touristenbus begeben und die Innenstadt auf eigene Faust erkundet, so kannte ich mich weder in den Vororten aus, noch hatte ich die Geschichte der Stadt verinnerlicht. Ich genoss es, herumgefahren zu werden und die Einzelheiten über vergangene Tage zu erfahren. Ich wurde eingeführt in die Geschichte der Noon-Gun, die täglich um 12 Uhr von Signal Hill abgefeuert wird und seit 1833 den Schiffen im Hafen dient, um die Uhrzeit zu bestimmen. Am Castle of Good Hope lernte ich viel über die Flagge Südafrikas, die sich im Laufe der Jahre veränderte. Am besten gefiel mir die jüngste Flagge: Ihr grünes „Y", das verbindende Stück, symbolisiert das Ende der Apartheid und steht auch für das Motto der Flagge: Einheit ist Stärke! Mich beeindruckte die Geschichte der Apartheid und der noch immer vorherrschende Kampf der benachteiligten Gruppen um Anerkennung. Auch wenn es offiziell keine Rassentrennung mehr gab, so spürte ich die Anspannung zwischen Schwarzen und Weißen dennoch häufig. Für mich war es sehr gewöhnungsbedürftig, dass Schwarzafrikaner hauptsächlich die minderbezahlten Arbeiten in Supermärkten, Restaurants oder Haushalten ausführten, während die Weißafrikaner eher in den Villen der Vororte der Stadt wohnten. Das Ende der Apartheid hatte die Regenbogennation zwar wieder vereint, aber der Unterschied zwischen Arm und Reich war in Südafrika noch immer einer der größten auf der Welt.

Unsere Kirche lag mitten auf Long Street, der Partymeile von Kapstadt. Auf der 3 km-langen Straße mit den etlichen Clubs, Bars und Restaurants, bettelten Straßenkinder zu jeder Tageszeit Touristen an, um mit ein paar Münzen Drogen und etwas zum Essen zu kaufen. Auch musste man damit rechnen, dass man über ein paar Beine stolperte, wenn man nicht darauf achtete, wo man hintrat. Denn die Obdachlosen, die im

Stadtzentrum wohnten, nutzten die an den Bordsteinen gepflanzten Palmen als Nachtlager und blieben dort auch häufig während des Tages liegen. Es war traurig, zu sehen, wie die Armen auf den Straßenkreuzungen nach etwas Kleingeld bettelten. Manche von ihnen hatten nur noch ein Bein oder einen Arm. Viele hatten wenige Zähne und aßen so viel Zucker, wie sie bekommen konnten, weil dies den Schmerz für eine Weile betäuben sollte. Aber alle noch so traurigen Bilder wurden immer von einer wunderschönen Kulisse umrahmt. Der Tafelberg, das Wahrzeichen der Stadt, stand imposant und majestätisch im Mittelpunkt und bot – das hatte ich in meinem Reiseführer gelesen – für 1400 Pflanzenarten eine Heimat.

Der Lions Head zur Rechten und der Devils Peak zur Linken des Tafelbergs erinnerten mich stets an meinen letzten Wanderausflug. Meistens bestiegen wir den Löwenkopf als größere Gruppe und egal, ob man vorne vorweg lief oder zu den letzten Läufern der Gemeinschaft gehörte, immer wurde man mit einer grandiosen Aussicht belohnt. Ich liebte es, dass der Auf- und Abstieg nicht länger als zwei Stunden dauerte, sodass wir uns oft ein ausgiebiges Picknick mit 360 Grad Panoramasicht gönnten, wenn wir auf der Spitze ankamen. Der Blick auf den Stadtteil Camps Bay, der Strand der Reichen und Schönen, erfreute mich genauso wie die Sicht auf Robben Island: die ehemalige Gefängnisinsel, auf der Nelson Mandela fast zwei Jahrzehnte seines Lebens im Kampf um das Ende der

KAPITEL 6

Apartheid verbracht hatte. Heute bildeten das Gefängnis und die gesamte Insel ein Museum, das viele Touristen anlockte.

Auf sie blickte ich auch jetzt vom Bloubergstrand aus. Ich parkte meinen Wagen und stieg aus. Es hieß langsam Abschied nehmen von meiner geliebten Stadt und diesem wunderbaren Land, aber ich war innerlich noch nicht bereit heimzukehren und meinen Alltag aufzunehmen. „Alltag, was ist das überhaupt?", fragte ich mich. Ich hatte eine Wohnung in Deutschland, ja. Die hatte ich untervermietet für die Zeit in Südafrika. Und sonst? Ich war noch eingeschrieben in einer Hochschule, aber war ich wirklich eine regulär Studierende? Nein. Eigentlich war ich nur zu jeder ersten und letzten Vorlesung im Semester gegangen. Zur Ersten, um herauszufinden, was die Erwartungen des jeweiligen Professors waren und welche Literatur ich benötigte, und zur letzten Vorlesung, um mich auf die Prüfung vorzubereiten. Ich hatte nicht wirklich viel Interesse daran gehabt, Beziehung mit meinen Kommilitonen zu pflegen. Ich hatte eigentlich kein Interesse an irgendetwas gehabt, bevor ich nach Südafrika gekommen war. Ich wollte mein Leben zurück – das Leben vor der Scheidung! Gleichzeitig wollte ich hierbleiben: „Das ist doch jetzt mein Leben!", dachte ich. Ein anderes Leben gab es nicht.

Ich vermisste „meinen" Engländer, auch wenn ich mich nach unserer Begegnung längst wieder neu verliebt und entliebt hatte. Natürlich hatte ich das! Wann war ich jemals nicht verliebt gewesen? Er war noch auf Reisen und ich wollte wieder reisen, wollte nicht stehen bleiben und schon gar nicht zurückgehen. Es gab so vieles in meinem Leben zu betrauern, das ich niemals wirklich an mich herangelassen hatte. Aber vielleicht war der einzige Weg, zu trauern, der, weiter zu gehen. Ich war nur dankbar, dass Gott bei mir war. Dass er immer mit mir ging und seine Liebe mich starkmachte – vor allem dann, wenn ich schwach war. Er war immer in meiner Nähe gewesen, selbst wenn ich es nicht immer gespürt hatte. Und auch, wenn ich es drei Tage zuvor noch angezweifelt hatte, so war er doch auch bei mir gewesen in den traurigeren Momenten meiner Reise. Und er war jetzt bei mir. Ich schloss meine Augen zum Gebet, nur um sie gleich wieder zu öffnen. Ich wollte das Meer sehen. Ich wollte Gott in seiner Schöpfung erkennen. Gott steckte in jedem Detail seiner Kreation, und sie anzusehen, war für mich pure Schönheit: „Manchmal verstehe ich deine Wege nicht!", betete ich. „Aber ich kann mir ein Leben ohne dich trotzdem nicht mehr vorstellen!" Er erinnerte mich an Psalm 16, in dem steht, dass Gott mir den Weg zeigt, der zum Leben führt. „Ich werde dich mit Freude beschenken und bei dir sein. Dein Glück wird niemals aufhören!", hörte ich eine leise Stimme in mein Ohr flüstern. Trotz aller Ungewissheit, und obwohl Menschen im Laufe meines Lebens in Tiefen meiner Seele eingetreten waren, die sie nie hätten betreten dürfen. Gott war anders als sie! Er war nicht einfach eingetreten, ohne zu klopfen. Er hatte niemals eine Grenze überschritten. Ich schlenderte durch den weichen weißen Sand, den Atlantischen Ozean zu meiner Linken. Es fühlte sich an, als waren Gott und ich in gemeinsamer Absprache durchgebrannt. „Lass uns doch einfach hierbleiben", zwinkerte ich meinem unsichtbaren Begleiter zu. Wir spazierten noch ein Stück weiter und ich schüttete ihm mein Herz aus. Ich erzählte ihm von meiner Sehnsucht nach einem Mann und Kindern. Ich wünschte mir auch eine Arbeit, die mich erfüllte und bei der ich nicht unter Druck stehen würde. Mit meiner Familie, davon träumte ich, wollte ich am Meer leben. Umgeben von Menschen, denen wir vertrauten und die wir liebten. Ich wusste, dass meine Sehnsüchte bei ihm gut aufgehoben waren, jedes einzelne zerbrechliche Wort, das aus meinem Herzen kam. Doch über die Ereignisse in Wilderness sprach ich nicht.

Als ich zwei Wochen später in Deutschland ankam, regnete es. Die Autofahrer auf der Autobahn fuhren mir zu dicht auf. Ich war überfordert mit dem Rechtsverkehr und der aggressiven Fahrweise der anderen. Zu Beginn des Jahres hatte ich Gewohntes in Deutschland verlassen und mich in Südafrika mit Neuem und Fremden auseinandergesetzt. Und nun musste ich mich nach meiner Rückkehr wieder mit der deutschen Sprache, dem Essen, dem Klima und alten

Freunden arrangieren. Es war es nicht so, dass ich mich in ein bekanntes Sicherheitsnetz fallen ließ. Ich hatte vielmehr den Eindruck, dass ich wieder einmal von vorne begann. Die Zeit in Afrika hatte mich verändert und diese Veränderung brachte mit sich, dass ich eine neue und kritische Sicht auf mein Heimatland einnahm. Ich fühlte mich überraschenderweise vielmehr in Südafrika als in Deutschland verwurzelt. Das fremde Land mit seinen Gefahren und Schattenseiten war für mich keineswegs mehr bedrohlich, sondern war Teil meines Lebens geworden. Aus der Ferne beobachtete ich Jugendliche, die in der Öffentlichkeit knutschten. Ich bemerkte Frauen, die rauchten, und nahm regen Alkoholkonsum in der S-Bahn und in Parks wahr – das alles stieß mich ab! Bei meinem ersten Restaurantbesuch sah ich Menschen, die ihre Teller nicht leer aßen, während ich in Südafrika Zeuge davon geworden war, wie Männer in der Mülltonne nach etwas Essbarem suchten und dies auch gleich verschlangen. Mein Herz wurde zentnerschwer, und ich versuchte manchmal Bekannten gegenüber zu beschreiben, wie ich empfand, aber ich schien ihnen ungewollt vor den Kopf zu stoßen. Für sie war alles völlig normal.

Da ich von Kulturschocks und dergleichen nichts wusste, glaubte ich, dass etwas falsch mit mir sei. Ich machte sowohl meine Vergangenheit als auch meinen mangelnden Charakter verantwortlich für meine starke Orientierungslosigkeit und meine innere Instabilität.

Für meine Beziehungsunfähigkeit und mein fehlendes Selbstwertgefühl. Konflikten ging ich größtenteils aus dem Weg. Ich verdarb anderen anscheinend nur ihre gute Laune mit meiner kritischen Haltung. Ich fühlte mich ungewollt und ungeliebt und etwas, ich konnte nicht benennen, was es war, bremste mich aus!

Nur selten dachte ich an die Geschehnisse in Wilderness zurück. Aber ich begann, einen tiefen Hass gegenüber Deutschland zu schüren, und suchte nach Möglichkeiten, möglichst schnell wieder zurückkehren zu können. Ich entwickelte Gewohnheiten, die mich an Südafrika erinnerten: Ich aß morgens weiterhin mein Haferflockenfrühstück mit frischem Obstsalat und hörte die gleiche Musik, die ich in Südafrika gehört hatte. Doch meine heiß geliebten Tagebücher lagen lange unbeschrieben im Regal, meine Bibel blieb unangetastet neben dem Bett liegen und mein Gebetsleben war sehr still. Ich schmiss mich in eine kurze Affäre und nannte es Liebe, und ich nahm mir täglich vor, dass ich mir ab nun beweisen würde, dass sich etwas änderte!

Am schlimmsten waren für mich die Momente, in denen ich mit meiner Vergangenheit konfrontiert wurde: Obwohl ich erwachsen war, fühlte ich mich manchmal wie ein kleines Mädchen. Unselbstständig und abhängig von der Hilfe anderer. Warum war ich so schnell emotional überfordert und wurde dann fast panisch?

Die Ozeanweite, so schien es, die mich in Kapstadt

ANKOMMEN

von den Orten meiner Vergangenheit in Deutschland getrennt hatte, hatte mir gutgetan und mir geholfen, eigene Entscheidungen zu treffen. In Deutschland aber war ich unbeholfen. Etwas stimmte ganz und gar nicht! Wieder kamen und gingen Männer, und jedes Mal nahm ich mir vor, dass ich mein Herz nicht noch einmal voreilig verschenken würde. „Herr, ich warte auf den, den du für mich hast!", betete ich. Es war grotesk! Denn ungeduldig und einsam, wie ich war, erklärte ich mich bereit, jedem Mann, den ich kennenlernte einen Vertrauensvorschuss zu geben, und lehnte doch niemals ein Kennenlernen ab. Vielleicht wäre er ja der Richtige und derjenige, auf den ich wartete?!

So ähnlich war es auch mit meinem Ex-Mann ein paar Jahre zuvor gewesen. Wir waren schnell zusammen gekommen und dass wir beide Christen waren, machte die Beziehung perfekt. Ich hatte zunehmend bemerkt, dass er gar nicht heiraten wollte. Eine Beziehung, die nicht in einem Ehebund mündete, war meiner Meinung nach aber verschwendete Zeit. Und so hoffte ich, dass er mir ehrlich sagen würde, sollte er keine feste dauerhafte Bindung eingehen wollen. Ich hatte unglaubliche Angst davor, wieder jemanden zu verlieren und einen neuen Schmerz verarbeiten zu müssen, wo ich doch gerade dabei gewesen war, die Vergangenheit aufzuarbeiten. Wie oft hatte ich mich aber eher geduldet als begehrt gefühlt! Trotz der Unsicherheit wollte ich diese Partnerschaft, denn nichts war schlimmer, als die Vorstellung wieder Single zu sein!

KAPITEL 6

Und ich ignorierte alle offensichtlichen Anzeichen dafür, dass wir unsere Beziehung nicht auf dem gleichen Fundament bauten. Besonders das Gespräch mit unserem Pastor hätte mir zu denken geben sollen. Dieser fragte damals: „Liebst du diese Frau?" Mein Freund hatte geschwiegen.

„Nur ein Kind... schenkt so offen

und unbefangen, so ehrlich und bedingungslos,

seine Zeit und sein Lächeln,

seine Aufmerksamkeit und sein Vertrauen,

seine Zuneigung

und sein kleines Herz."

(Irmgard Erath)

Kapitel 7

BEDINGUNGSLOSE LIEBE

···

Obwohl ich niemals zuvor in Johannesburg gewesen war, fühlte ich mich sofort zu Hause. Ich genoss das wilde Treiben und die vielen unterschiedlichen Hautfarben und Stimmklänge am Flughafen. Das rege Durcheinander, das in sich selbst eine Ordnung hatte, die man nicht gleich auf den ersten Blick erfassen konnte. Südafrika war für mich ein Land der puren Freude. Und diese Freude spürte ich bereits jedes Mal, wenn ich im Flugzeug saß und über den bunten Kontinent flog. Dabei spielte es keine Rolle, ob es bewölkt war oder klar. Mein Herz wusste, wann wir den Äquator überquert hatten und wir uns Südafrika näherten. Nach nur einem Monat in Deutschland hatte ich mir gleich einen weiteren Praktikumsplatz, diesmal in Johannesburg, besorgen können. Hier wollte ich im

Rahmen eines praktischen Studienkurses die Stunden absolvieren, und danach weiter nach Kapstadt fliegen und dort meine Bachelorarbeit schreiben. Eine gute Freundin von mir war bereits in Johannesburg, um dort ein Jahr Freiwilligendienst zu absolvieren. Sie hatte mir viel Gutes über die Arbeit der Gemeinde erzählt, die auch eine Schule auf dem Gelände unterhielt, in der ich nun mithelfen würde. Ich bekam kostenlose Logis und konnte neue Erfahrungen sammeln.

Der Pastor der Gemeinde holte mich vom Flughafen ab. Im Auto erfuhr ich dann, was ich während meines Aufenthalts tun würde: Meine Aufgabe sollte es sein, zwei der auf dem großen Grundstück beheimateten Waisenkinder in ihrem Unterricht zu begleiten. Ich nahm eine kleine Schockstarre ein, die ich aber gut verstecken konnte. Ich sollte mich um Kinder kümmern? Das letzte Mal, dass ich mit Kindern gearbeitet hatte, war viele Jahre her, und ich dachte unweigerlich an die Zeit meines Praktikums im Kindergarten zurück.

Während der Junge im Kindergartenalter war, besuchte das Mädchen schon die zweite Klasse. Das gab mir ein bisschen Hoffnung! In der zweiten Klasse war man irgendwie schon auf dem Weg in die weiterführende Schule und somit fast pubertär, und mit Jugendlichen verstand ich mich schließlich blind! Der Pastor führte mich zu meinem Zimmer, das im Haupthaus lag, was ich als Privileg empfand. Die anderen Freiwilligen und Praktikanten, schliefen in kleinen Bungalows mit Etagenbetten, und auch wenn diese sehr süß waren, so genoss ich doch den Gedanken an Privatsphäre in meinem eigenen Reich.

Das Haupthaus lag in einem wunderschönen großen Garten mit Palmen und Fynbos, den typisch südafrikanischen Wildstauden. Der gepflegte Rasen und ein kleiner Pool gaben mir das Gefühl, als würde ich mitten ins Paradies ziehen. Noch am ersten Tag lernte ich viele der etlichen freiwilligen Mitarbeiter kennen, die sich in der Kinder- und Jugendarbeit engagierten. Sie schienen voller kreativer Ideen und Tatendrang und träumten davon, den jungen Menschen das lebendige Evangelium nahezubringen und ihnen zu helfen, in der Sicherheit der Gemeinschaft zu treuen Nachfolgern Christi zu werden. Die private Schule auf dem Gelände war ebenfalls christlich geprägt und auch die Lehrer waren gläubig. Es entspannte mich, dass in Südafrika mehr Menschen an Gott glaubten, als in Deutschland. Hier war es eine völlig normale Sache, während ich in meiner Heimat oft erlebt hatte, dass Menschen sich für ihren Glauben schämten, weil sie sich vor negativen Reaktionen der anderen fürchteten. „Witzig, dass Leute nach Afrika gehen, um zu evangelisieren", dachte ich, „wo es doch mehr Sinn machen würde, dass Afrikaner nach Deutschland kommen".

Überall auf dem Grundstück spürte ich Frieden und das vereinte Herz derer, die sich zur Aufgabe gemacht hatten, sich in die nächste Generation zu investieren. Es war ein bisschen wie der Himmel auf Erden. Schnell fand ich meine Rolle in der Jugendarbeit und der Hausaufgabenhilfe und war dankbar, dass ich mit meiner Freundin zusammen arbeiten konnte. Ich liebte das Leben in der Kommune. Meine Hauptaufgabe, die Betreuung der benachteiligten Kinder, gestaltete sich dagegen nicht ganz so leicht. Bevor ich begonnen hatte Soziale Arbeit zu studieren, hatte ich die Vorstellung, dass meine eigene Geschichte es mir leichter machen würde mit benachteiligten Menschen zu arbeiten. Aber ich merkte nach kurzer Zeit, dass es seine Vor- und Nachteile hat, wenn man selbst Schweres erlebt hat: Ich konnte mich zwar emphatisch in die andere Person einfühlen, aber ich ging auch schnell automatisch davon aus, dass mein Gegenüber sich ähnlich fühlen musste wie ich.

In der Sozialen Arbeit hatte ich auch gelernt, dass ich meine Geschichte und meinen Weg der Heilung nicht einfach anderen Menschen überstülpen durfte. Jede Geschichte ist einzigartig und jeder Weg zum Heil ist ein anderer. Wenn ich mit Menschen arbeiten würde, wäre meine Arbeit außerdem gerade deshalb oft nicht messbar. Messen kann man nämlich nur, wenn man etwas vergleicht, und festlegt was „normal" ist und wer der „Norm" entspricht. Doch wer sollte das festlegen? „Menschen zu begleiten, das sollte aus Liebe und ohne Agenda geschehen", dachte ich mir häufig. Vielleicht gab es ja Studiengänge wie den der Sozialen Arbeit auch nur deshalb, weil wir nicht mehr wussten, wie das geht, zu lieben! Vielleicht war es leichter Menschen dafür zu bezahlen anderen zu helfen, statt selbst anzupacken, wenn man Not sieht! Für die Not der anderen hatte die Gesellschaft, aus der ich kam, anscheinend nicht mehr viel Zeit übrig. Menschen waren meiner Meinung nach keine Projekte. Doch manchmal fiel es mir schwer, Menschen nicht zu Objekten zu machen. Denn mit Objekten kann man schnell Ziele erreichen – und ich wollte unbedingt messbare Ergebnisse sehen. „Ob die Arbeit mit Menschen wirklich etwas für mich war?", fragte ich mich. Wenn ich nicht schnell messbare Veränderungen in den Menschen sah mit denen ich mich beschäftigte, fühlte ich mich persönlich als Versager. Ich war anderen und auch mir selbst gegenüber ungnädig, ohne es bewusst wahrzunehmen. Das Leistungsdenken, das ich seit meiner Jugend erlernt hatte, holte mich immer wieder ein und wurde für mich zum Kompass bei allem, was ich tat. Erzielte ich gute Ergebnisse, dann war ich gut. Erzielte ich schlechte Ergebnisse, zeigte das nur, dass ich nicht alles gegeben hatte. Es war sehr schwer für mich, damit zu leben, denn meine Ergebnisse waren eigentlich nie gut genug!

Schon in der Hochschule waren mir meine Einsen nicht gut genug gewesen. Hatte ich noch kleine Fehler gefunden, ärgerte ich mich, dass ich es nicht vorher bemerkt hatte. Niemand hatte mich für die guten Noten gelobt, aber als Jugendliche war ich für schlechte Noten oft getadelt worden. So lebte in mir eine Perfektionistin, die sich jeden Raum für Fehler nahm und sich selbst für ihr Versagen verurteilte. Und nicht nur mich selbst, auch meine engsten Freunde, Menschen in der Gemeinde und Fremde. Niemand war in meinen Augen gut genug! Ich bemerkte immer zuerst die Fehler, die Menschen machten, statt das zu sehen, worin sie gut waren. Dabei verglich ich mich automatisch mit den anderen und fragte mich, ob ich die gleichen Fehler hatte, oder besser war als sie. Es war nicht so, dass ich das tun wollte. Es passierte unterbewusst.

Ich wusste zwar, dass Gott mich bedingungslos liebte, und ich wusste auch, dass er über mich sagte, dass mein Wert nicht von Leistungen abhing: Ich war geliebte Tochter Gottes – und diese Liebe hatte ich aus Gnade empfangen. Trotzdem musste ich stets daran erinnert werden, dass seine Liebe zu mir nicht wachsen würde, wenn ich viel leistete. Und seine Liebe würde auch nicht abnehmen, wenn ich nach menschlichen Maßstäben versagte. In dieser Welt würde ich beides erleben: Erfolg und Versagen! In Johannesburg lernte ich, dass wir einander brauchen, um uns genau daran zu erinnern. Die Bibel spricht davon, dass wir durch das Hören glauben, und in Johannesburg „hörte" ich. Hier war ich dauerhaft in Gemeinschaft. Wir wohnten zusammen, wir dienten zusammen und wir feierten gemeinsam Gottesdienst. Ich las auch weiterhin meine Bibel und betete, aber ich blühte vor allem in Gemeinschaft auf. Doch das Wissen um Gottes Gnade, so wertvoll es war, setzte mich nicht frei, solange ich es nicht praktisch anwandte. „Doch wie wendet man Gnade an?", fragte ich mich.

Wenn sich meine Gedanken zu lange um mich selbst drehten, selbst um mein Christsein, dann wurde ich traurig. In den Jahren, in denen ich in der Jugendarbeit Jesus gepredigt und oft Teile meiner Vergangenheit preisgegeben hatte, hatte ich unbedingt Gott die Ehre geben wollen, weil er mich verändert hatte. Ich war so dankbar gewesen, dass er in mein Leben gekommen war und mir meinen wahren Wert gezeigt hatte. Damals hatte ich verstanden, dass Gott den Applaus für das Wunder verdiente, dass er in meinem Leben getan hatte. Dass es keine „billige Gnade" war, die er mir entgegengebracht hatte, sondern dass es ihn viel gekostet hatte. Aber die Wahrheit war, dass ich in den vergangenen Jahren viele Dinge getan hatte, auf die ich nicht stolz war und die ich am liebsten verstecken wollte. Dinge wie die Scheidung, neue Beziehungen und Affären. Der Alkohol, Kiffen, Rauchen – bis hin zu dem Punkt, wo ich nicht auf mich selbst aufgepasst hatte und mir die Sache in Wilderness passiert war. Ich hatte es irgendwie geschafft, all mein Handeln nach außen hin zu rechtfertigen, aber innerlich war ich bitterenttäuscht von mir selbst. Konnte Gott mir auch jetzt noch vergeben, wo ich ihn so sehr enttäuscht haben musste? Würde ich ihm noch einmal die Ehre geben können? Es fiel mir mittlerweile schwer, über die Gnade Gottes zu reden. Der Gedanke daran, zu predigen, wie ich es einst gern getan hatte, machte mir

KAPITEL 7

Angst – irgendwas stimmte mit meinem Herzen nicht! Einmal, als ich in der Jugend in Johannesburg hätte predigen sollen, versteckte ich mich sogar in meinem Zimmer. Mir war hundeelend. Ich entschuldigte mich und meldete mich krank. Ich war krank. Mein Herz war krank. Aber niemand vor Ort wusste, was wirklich los war. Vielleicht wusste es überhaupt niemand.

In den Jahren nach der Scheidung bestand mein Trugschluss darin, dass ich bei anderen Ansehen erlangen würde, wenn ich die Vergangenheit hinter mir ließe und so handeln würde, wie es „richtig" war. Ich glaubte, dass ich dann endlich mit mir selbst zufrieden wäre. So, wie ich es direkt nach meiner Bekehrung gewesen war. Mein Denken hatte im Laufe der Jahre immer wieder nach schnellen Lösungen gesucht. Aber mit schnellen Lösungen und langfristiger Veränderung ist es so ähnlich wie mit Diäten und dauerhafter Gewichtsreduktion: Sie schließen sich gegenseitig aus! Wahre innere Heilung setzt sich stattdessen richtig mit den Begebenheiten auseinander, die lähmende Auswirkungen auf unsere seelische Entwicklung und Belastbarkeit haben sowie auf unsere Fähigkeit, uns selbst und andere anzunehmen und zu lieben. Innere Heilung, das musste ich lernen, war ein längerer Weg! Und es braucht einen sicheren Ort, an dem wir heilen dürfen! Wie gut, dass in Afrika die Uhren langsamer liefen, und wie gut, dass ich mich sicher fühlte! Südafrika 2012 tat mir gut. Zu Beginn des Jahres hatte

Gott mir eine Prophezeiung mitgegeben, dass ich viele Geschenke erhalten würde: Und das sollte sich erfüllen! Eines davon war, dass die Mutter des Pastors aus der Schweiz zu Besuch kam und mich einlud, mit ihr und ihren Enkeln auf Safari zu fahren.

Während ich auf meiner letzten Safari in Durban in einem Low-Budget Hostel gewohnt hatte, schlief ich dieses Mal in einem riesigen Himmelbett mit Sicht auf die Savanne. Das Essen waren keine Sandwiches mehr, sondern ein Drei-Gänge-Menü. Und der Safari-Nightdrive, den ich besonders genoss, war nur für uns alleine reserviert. Wir fuhren bei Nacht durch die Wildnis und über uns funkelten Millionen und Abermillionen von Sternen. Und obwohl mir Mücken in Augen, Nase und Mund flogen, liebte ich jeden Augenblick!

Auf dem Weg von Pilansberg nach Johannesburg überholten wir einen LKW in gewohnt südafrikanischer Manier. Ich war noch nie ein besonders guter Beifahrer, aber an jenem Tag blieb mir fast das Herz stehen: Der LKW fuhr auf dem linken Seitenstreifen und wir auf der linken Spur, wie es im Linksverkehr so üblich ist. Als wir gerade zum Überholen ansetzen und uns bereits auf Höhe des LKWs befanden, fuhr dieser plötzlich wieder nach rechts auf unsere Spur und drängte uns damit auf den Mittelstreifen ab. Von vorne näherte sich ein zweiter LKW. Somit war mir klar, dass wir entweder Gas geben oder den Überholvorgang abbrechen mussten. Doch leider kam es noch schlimmer: Voller

KAPITEL 7

Entsetzen sah ich, dass ein anderes Auto den entgegenkommenden LKW überholte. Wir befanden uns beide auf dem Mittelstreifen und fuhren damit nun direkt aufeinander zu! Wir hatten nicht viel Zeit, zu überlegen, was wir tun sollten, also riss unsere Fahrerin kurzerhand das Lenkrad herum und fuhr ganz nach rechts auf den Seitenstreifen der gegenüberliegenden Spur – der Straßengraben rechts von uns. Leider hatte der entgegenkommende LKW auch die Idee, auf den Seitenstreifen auszuweichen. Innerhalb von einer Zehntelsekunde hatten wir die Wahl, nach rechts in den Graben zu fahren oder zurück nach links zu lenken – also fuhren wir zurück auf die Gegenspur und befanden uns diesmal zwischen dem anderen LKW und dem überholenden Fahrzeug. Unser LKW war derweil auch wieder auf seinen Seitenstreifen ausgewichen und gab dadurch dem anderen Auto und uns genug Platz, um zwischen den beiden LKWs hindurch zu fahren. Nur wenige Zentimeter trennten uns davon, mit dem anderen Wagen zusammenzuprallen. Wäre es zu einem Crash gekommen, so waren wir uns einig, wären wir tot gewesen. Es war Gottes Bewahrung und ein weiteres Geschenk, das ich in Johannesburg erhielt. Ich war unendlich dankbar und gleichzeitig wurde mir neu bewusst, dass unser Leben nur ein Hauch ist. Es war, als hätte Gott mein Leben verlängert!

Ein bisschen hatte ich den Eindruck, dass ich den Kindern, die ich begleitete, keine große Hilfe war. Doch wenn das wirklich der Fall war, so nahmen sie es mir nicht übel. Sie liebten mich einfach und waren dankbar, dass ich da war. Und das tat mir überraschenderweise unglaublich gut – es war ein weiteres, diesmal immaterielles, Geschenk! Mit der Zeit vergaß ich tatsächlich meinen Perfektionismus und genoss es, einfach Zeit mit ihnen zu verbringen. Außer den Aktivitäten, die auf dem Gelände der Gemeinde stattfanden, organisierte die Kirche auch Aktionen in den Armutsvierteln und arbeitete eng mit anderen Organisationen zusammen. Es war die perfekte Umgebung für das, warum ich eigentlich schon ein Jahr zuvor nach Südafrika gekommen war: Ich wollte eine Soziale Arbeit erleben, die sich um die Ärmsten der Armen kümmert und stets die Augen für die Nöte der Welt offen hält.

In Südafrika fiel es uns Europäern leicht, nicht mehr so sehr auf das eigene Leid zu sehen. Wir wurden schlagartig mit einer anderen Realität konfrontiert und verstanden den Begriff „Reichtum" neu. Es gibt 6,7 Millionen Arbeitslose und Hungernde, und nicht jeder, der Arbeit hat, kann sich wirklich glücklich schätzen. Die Gehälter sind sehr niedrig und die Wege zur Arbeit häufig lang und mühsam. Es gibt kein Arbeitslosengeld und nur geringfügige Sozialleistungen. Dass die Krankenversicherung vom Arbeitgeber bezahlt wird, ist auch keine Selbstverständlichkeit, sodass nur eine Minderheit überhaupt krankenversichert ist. Einzig und allein die Elite des Landes hat Zugang zu hochwertiger medizinischer Versorgung. In vielen Gebieten des Landes ist die Kriminalität sehr hoch. Circa 15 % der Menschen des Landes sind zudem mit HIV infiziert. Aber auch häusliche Gewalt, Alkoholismus und Bandenkriminalität sind ein großes Problem. Und obwohl es viele Gründe für die Südafrikaner gäbe, zu verzweifeln, so traf ich auf meinen Reisen doch fast nur lächelnde Menschen! Ich sah, wie sie aufeinander Rücksicht nahmen und sich, wo immer möglich, gegenseitig halfen. Dankbare Herzen priesen Gott häufig auch dann, wenn sie über zwei Stunden brauchten, um ihren Arbeitsplatz zu erreichen – und umgerechnet nur einen Euro pro Stunde verdienten, nur um dann 80 Cent für das abendliche Taxi nach Hause zu bezahlen.

Die vielen Zusammenkünfte mit Südafrikanern halfen mir, mein eigenes Denken und Fühlen in Relation zu setzen. Das passierte sowohl bewusst als auch unterbewusst und war wie Balsam für meine Seele.

Balsam für meine Seele waren außerdem die Sonnenauf- und -untergänge, die klaren Sternenhimmel und die warmen Nächte. Die Farbenpracht der prächtigen Blüten und die Formen des edlen Fynbos. Auch meine Geschmacksnerven explodierten förmlich. Alles schmeckte so viel intensiver als zu Hause. Obst und Gemüse kam oft aus der Region und die Gewürze, die aus Indien importiert wurden, ließen vegetarische Gerichte und das Braaifleisch unglaublich lecker schmecken.

BEDINGUNGSLOSE LIEBE

Ich war umgeben von Schönheit und fand erste Heilung in der Gemeinschaft.

Im April 2012 kehrte ich nicht, wie geplant, nach Deutschland zurück. Mein Weg führte mich zurück ans Kap. Um meine Bachelorarbeit zu verteidigen und mein Abschlusszeugnis entgegenzunehmen, musste ich nicht vor Juni in Deutschland sein. Zum Abschied in Johannesburg wurde ich überhäuft mit weiteren Geschenken: Selbstgemalte Bilder, buntes Gebasteltes und liebevolle Briefe füllten meine Taschen. Ich hatte die Antwort gefunden, wie man Gnade praktisch anwenden kann: Gnade wendet man an, indem man bedingungslos liebt!

„Nicht da ist man daheim, wo man seinen
Wohnsitz hat, sondern wo man verstanden wird."

(Christian Morgenstern)

DAS JAHR DANACH

Von jeder Reise, von der ich zurückkehrte, brachte ich etwas mit. Neue Eindrücke von bunten Gewürzen, orientalischen Blumendüften und hochgewachsenen Bäumen mit Formen, die mir vorher unvertraut gewesen waren. Ich sammelte Erinnerungen an Tiere, die ich niemals zuvor gesehen hatte. Geräusche von Tausenden von Grillen, die alle gleichzeitig ihr Lied zirpen, das laute Brüllen eines Löwen in der Wildnis und das betörende Singen von Paradiesvögeln im Botanischen Garten. Das Rauschen des freien Ozeans, fremdes süßes Kinderlachen und unbekannte magische Sprachen blieben mir im Ohr. Ich war gefüllt mit neuem Kulturgut, das ich einzuordnen versuchte und das meine eigene Kultur in ein neues Licht warf. Ich trug frische Lieder und Tänze in mir, neue Freude,

Frieden und Liebe. Und nach meiner Abreise aus Johannesburg hatte ich außerdem einen Koffer voller Geschenke der Kinder und Mitarbeiter bei mir, die mich stets daran erinnerten, wie bedeutungsvoll Gemeinschaft ist. Die Gemeinde in Johannesburg hatte mir eine Sicherheit gegeben, die ich seit Jahren nicht mehr gespürt hatte. Es war ein Ort gewesen, an dem ich zur gleichen Zeit leben und anderen dienen konnte. Johannesburg hatte mich verändert: Meine Kinder sagten mir, ich hätte Freude in ihr Leben gebracht. Der Kindergarten hatte für mich gebetet, und ich hatte zum Abschied sogar auch Geschenke von den Lehrern bekommen. Der Pastor hatte mich zum Flughafen gebracht und so seine Zeit in mich investiert. Ich war gesegnet worden.

Es war für mich nicht leicht gewesen, nach Kapstadt zu gehen, ohne dort eine Gemeinde zu haben. Aber Gott reiste mit mir, und ihm war nichts unbekannt. Er wusste um den Abschiedsschmerz, mit dem ich immer wieder kämpfte. Er kannte meine Tränen, meine Fragen und meine Sehnsucht nach einem Zuhause. Und obwohl ich seine Wege nicht immer verstand, vertraute ich ihm. In Kapstadt angekommen, schrieb ich regelmäßig an meiner Bachelorarbeit und bereitete meine Abschlussprüfung vor. Es tat gut, über Soziale Arbeit in der Entwicklungszusammenarbeit zwischen Deutschland und Südafrika zu schreiben, denn das Thema verband meine Leidenschaft für Politik und die zwei Welten, in denen ich lebte: Europa und Afrika.

DAS JAHR DANACH

Ende Mai kehrte ich nach Deutschland zurück.

Drei Jahre zuvor, nach der Trennung von meinem Mann, war ich zu einer befreundeten Familie gezogen, die ich durch unsere überregionale Jugendarbeit kennengelernt hatte. Sie hatten mich spontan aufgenommen, mich wie eine eigene Tochter behandelt und mich überreich mit Gemeinschaft, Geschenken und leckerem Essen versorgt. Das Haus, in dem wir lebten, war stets gefüllt mit Stimmen und Musik. Oft waren Freunde von einem oder mehreren der drei Kinder, die noch Zuhause wohnten, zu Besuch – manchmal auch bis spät in die Nacht! Es gab immer jemanden, der zwischendurch auf dem Klavier oder der Gitarre spielte, und wenn die Kinder und ihre Freunde gerade aus dem Haus waren, dann ertönte Bach-Musik aus den Lautsprechern in der Küche. Es war ein Haus voller Leben, Liebe und dem Geist Gottes. Nach einem Jahr war ich in meine eigene Wohnung gezogen, aber ich wusste, dass, wann immer ich ein Dach über dem Kopf brauchte, ich zu meiner Familie zurückkehren würde. Meine Wohnung hatte ich schweren Herzens vor meiner Abreise nach Johannesburg aufgelöst. Ich hatte mir nicht mehr vorstellen können, dauerhaft in Deutschland zu bleiben, und empfand es als Belastung, eine voll möblierte Wohnung zu bezahlen, obwohl ich nicht in ihr wohnte. Als ich meinen Freunden davon erzählte, blickte ich in verwunderte Gesichter: „Du wirst ein Zuhause brauchen, in das du nach deiner Reise zurückkehrst!'", sagten sie. Doch für mich gab es die traditionelle Bedeutung von einem Zuhause nicht mehr. Ich begann, mich überall dort zuhause zu fühlen, wo Menschen mich aufnahmen und mir Gastfreundschaft anboten. Und wann immer ich nach Deutschland zurückkam, kehrte ich zu meiner lieb gewonnenen Familie zurück.

Als ich dieses Mal heimkehrte, träumte ich mich aber wieder, wie auch schon 2011, sofort nach Südafrika zurück. Ich träumte davon, wie es wäre, dort zu leben und zu arbeiten. In mein Tagebuch schrieb ich, dass ich mir ein Haus am Meer wünschte, einen Mann und Kinder. Ich streckte meine Fühler nach Arbeit aus, nahm Kontakt zu Auswanderern und Businessgründern in Kapstadt auf. Aber nichts davon brachte mich weiter. Auch versuchte ich, mich mit dem Gedanken abzufinden, in Deutschland zu bleiben, merkte aber, dass das keine Option war.

In dem verzweifelten Versuch, eine Lösung zu finden, die meinem Herzen guttat, und trotzdem Sinn machte, liefen meine Gedanken wild. Ich wusste, ich müsste Abstriche machen, wenn ich nach Kapstadt ziehen und dort arbeiten wollte. Da es sehr schwer war, ein Arbeitsvisum zu bekommen, müsste ich einen schlecht bezahlten Job annehmen, in dem meine deutschen Sprachfähigkeiten gebraucht würden, denn für solche Arbeiten gab es spezielle Visa. Dabei handelte es sich entweder um einen Job als Telefonistin

DAS JAHR DANACH

oder alternativ als Glücksdame in einer Online-Spielhalle – das teilte mir die Beraterin einer Auswanderungsagentur bei unserem Treffen mit. Ich konnte mich nicht damit anfreunden, zweimal studiert zu haben, um dann in einem Casino zu arbeiten. Außerdem musste ich meinen Studienkredit bald zurückzahlen. So sehr ich meine Unkosten auch umschichtete, es gab keine schnelle Lösung: Ich musste ausreichend Geld verdienen. Wieder wünschte ich mir einen Retter! Einen Ehemann oder Geschäftspartner: Jemanden, der meine Schulden bezahlen würde. Ich hatte Angst, das Leben nicht bewältigen zu können, Angst zu versagen! Diese Angst aber trieb mich noch tiefer in die Welt meiner Gedanken und Ideen. Mir fielen tausend Sachen ein, die ich machen könnte, aber nicht machen wollte. Ich stellte mir vor, noch einmal zu studieren und nach Hamburg zu ziehen, nach München oder Schweden – nichts davon machte wirklich Sinn! Ich fuhr in verschiedene deutsche Städte, um zu fühlen, wie es wäre, dort zu leben – aber keine davon gefiel mir. Kapstadt blieb immer noch meine erste Wahl. Also bewarb ich mich als Telefonistin, sagte den Job dann aber wieder ab. Ich schrieb mich in der Fernuniversität ein, und ich schrieb mich wieder aus. Ich bewarb mich auf einen Master-Studiengang im Bereich Musik an einer Akademie und entschied mich dann dagegen. Ich besuchte verschiedene Gemeinden, aber ich fühlte mich allein. Ich passte nicht. Und niemand kam, um mich zu retten. Gedanklich lebte ich weiter in zwei Welten.

KAPITEL 8

Ende Juli gab ich meine Bachelorarbeit ab, und auch, wenn ich nicht die perfekte Gemeinde fand, so begab ich mich doch wieder in Gemeinschaft. Nebenbei arbeitete ich in einer Druckerei und stanzte Kalender aus. Jeden Tag wartete ich darauf, dass mein „richtiges" Leben losging, als müsste es einfach endlich passieren, wenn ich nur lange genug wartete. Im September kam es endlich zur mündlichen Verteidigung meiner Bachelorarbeit und ich erhielt mein Abschlusszeugnis. Jeden Tag träumte ich von Südafrika. Ich bewarb mich auf Stellen in der Entwicklungszusammenarbeit und erhielt Absagen. Ich zweifelte! Gleichzeitig vernetzte ich mich weiter mit Organisationen, die in Südafrika aktiv waren. In jede Anfrage legte ich mein ganzes Herz hinein. Aber die Türen öffneten sich einfach nicht. Je mehr ich versuchte, meinen Traum in Südafrika zu leben wahr zu machen, umso müder wurde ich von den Absagen.

Ich betete, aber ich bemerkte nicht, dass ich damit nur versuchte, Gott in meinen „Koffer zu packen" und ihn davon überzeugen wollte, dass meine eigenen Vorstellungen und mein Zeitplan besser seien als seine. 2005 hatte ich einen Traum gehabt, den ich nie wieder vergessen sollte. Und dieser Traum hatte mich damals vor die Entscheidung gestellt, ob ich bereit war, Gott bedingungslos nachzufolgen. Ich träumte, dass ich meine Koffer gepackt hatte, weil ich zu einem unbekannten Abenteuer aufbrach. Mein Flugticket in der Hand haltend saß im Taxi zum Flughafen. Plötzlich fiel mir ein, dass eine winzige Kleinigkeit fehlte: mein geliebter Föhn. Ich stoppte das Taxi und eilte zurück ins Haus, um ihn zu suchen. Während ich verzweifelt und gestresst die Zimmer durchwühlte, wurde mir klar, dass ich eine Entscheidung treffen musste. Ich konnte darauf bestehen, meinen Föhn mitzunehmen, aber dann würde ich den Flieger verpassen oder ich flog ohne ihn. Ich wachte an jenem Tag schweißgebadet auf und spürte ein intensives Drängen. Der Föhn war für mich im Wachzustand kein Gegenstand von höchster Bedeutung, aber ich begriff, dass er für alles stand, was mir wirklich wichtig war. Es war, als forderte Gott mich heraus, eine Entscheidung zu treffen, jetzt loszulassen von dem Gewohnten und meinen vermeintlichen Sicherheiten. Ich stand an einer Weggabelung: Ich hatte die Wahl zwischen einem Leben voller Vertrauen nach seinem Plan oder einem Leben nach meinem Plan.

Aber jetzt, fast sieben Jahre später, wurde ich langsam ungeduldig. Ich hatte vieles aufgegeben. Manches freiwillig, anderes unfreiwillig. Ich war bereit für ein Leben ohne Sicherheiten, aber mit Bestimmung. Ein Leben im Ausland und auf Mission. Aber es kam nicht richtig ins Rollen. Gleichzeitig setzte ich meine Hoffnungen auf Menschen, weil ich dachte, dass sie mir vielleicht Türen in mein Paradies öffnen würden. Ich war naiv und stolz zugleich – eine schwierige Mischung! Doch eins konnte man mir nicht vorwerfen: Ich gab nicht so schnell auf! Im Februar hielt ich es schließlich nicht mehr aus. Ich flog ohne Job und ohne

Plan aber voller Erwartungen nach Kapstadt zurück. Wie durch ein Wunder hatte ich kurzfristig eine Unterkunft in Somerset West, das nur eine halbe Stunde von Kapstadt entfernt liegt, angeboten bekommen. Meine Mutter hatte eine Nachbarin getroffen, die ihr nebenbei erzählte, dass sie eine Freundin in Südafrika hat: man könne „sich ja mal austauschen". Kurzerhand bekam ich die Telefonnummer der Dame zugeschickt und schrieb sie über WhatsApp an. Wenn ich kommen wollte, so sagte sie, könnte ich in ihrem Gästezimmer wohnen. Ich hatte sie gefragt, wie spontan sie sei, und nach positiver Rückmeldung einen Flug für die darauffolgende Woche gebucht. Ich hatte meine Koffer für drei Monate, die Dauer des Touristenvisums, gepackt, ohne zu wissen, wann ich zurückkehren würde. Als ich das Haus erreichte, begrüßte mich ein Nachbar und teilte mir mit, dass die Hausherrin im Krankenhaus sei. Sie müsste sich einer Nierenoperation unterziehen. Ich fand es sehr überraschend, dass sie meine Ankunft dennoch vorbereitet hatte. Und dass sie eine Wildfremde zu sich ins Haus ließ, überraschte mich auch. Nun befand ich mich in einem wunderschönen Haus mit Pool in einer sicheren Wohnsiedlung auf einem Hügel mit Aussicht über die Stadt und das Meer. Ich empfand die überraschende Möglichkeit, ans Westkap zurückzukehren, als weiteres großzügiges Geschenk Gottes. Jeder Tag in Südafrika war ein riesiger Segen! Aber obwohl ich überglücklich war, wieder in dem Land zu sein, das ich liebte, blieb ein

Gefühl bestehen: die Einsamkeit!

Bereits in der ersten Woche begann ich nach Kirchen in der unmittelbaren Nähe zu suchen und war überrascht, als ich feststellte, dass es vor Ort einen Campus der Gemeinde gab, die mich zwei Jahre zuvor angerufen hatte, um mit mir zu beten, als ich auf der Suche nach einer Praktikumsstelle gewesen war. Sie hatten eine faszinierende Soziale Arbeit und leisteten einen beeindruckenden Dienst unter den Armen in Kapstadt. Wenn sich doch meine Hochschule damals nur nicht bei der Anerkennung meines Praktikums quergestellt hätte! Ich begann „Was wäre, wenn?"-Fragen durchzuspielen. Eine Angewohnheit, bei der ich nicht gewinnen konnte und mich meine Überlegungen auf Dauer nur deprimierten. „Aber ich hätte nun mal wertvolle Erfahrungen in der Sozialen Arbeit sammeln können. Etwas, das mir mehr Berufserfahrung gebracht hätte als Gemeindearbeit", dachte ich. Ich war doch in die Soziale Arbeit eingestiegen, um mit denen zu arbeiten, die nicht so behütet aufgewachsen sind. „Bürokratie hat mir wieder einmal im Weg gestanden! Typisch! Und das alles nur, weil der Leiter des Dienstes kein Sozialarbeiter war!" Systemfehler ärgerten mich.

Damals hatte mich die Gemeinde eingeladen, einen Tag lang mit in die Armutsviertel zu fahren. Sie wollten mir die Gelegenheit geben herauszufinden, ob die Arbeit sich für ein Praktikum eignete. Ich hatte während des Probearbeitens erlebt, dass der Leiter professioneller arbeitete als die meisten Sozialarbeiter, die ich aus Deutschland kannte. Es war schade, dass die Stelle nicht anerkannt worden war. Dennoch hatte die Gemeinde auch dann für mich weiter gebetet, als ich mir woanders eine Stelle suchen musste. Sie hatten mir E-Mails geschrieben und mich angerufen, um sich nach mir zu erkundigen! Das war damals gewesen, als ich auf Reisen mit dem Engländer gewesen war! So eine Art von pastoralem Dienst hatte ich noch nie erlebt. Konnte es Zufall sein, dass genau diese Gemeinde einen Campus in Somerset West hatte?

Am Sonntag ging ich morgens zum Gottesdienst. Ich war nervös, denn alleine in einen Raum voller fremder Gesichter zu treten, bereitete mir ein Gefühl der Unsicherheit. In meiner Nervosität hörte ich nur der Hälfte der Predigt zu, aber dennoch fühlte ich, wie mein Herz weicher wurde. Was die Predigerin erzählte, sprach mich direkt an. Ich fühlte mich sicher wie ein Kind, das nach Hause kommt. Mein Arm streckte sich gen Himmel, als die Pastorin fragte, wer sein Leben zum ersten oder wiederholten Mal an Jesus abgeben wolle, um ihm nachzufolgen. Ich wusste, ich brauchte einen frischen Start. Ich wollte das Alte hinter mir lassen! Und ich wusste, dies war der richtige Zeitpunkt – ich wollte nicht mehr zurück!

Nach der Predigt schlich ich schüchtern in Richtung Bühne. Ich wollte der Pastorin danken. Es war ein reges Gedränge in den Gängen und auf dem Weg nach vorne kam ich an einer Frau vorbei, die mir während des

Gottesdienstes aufgefallen war. Sie war wunderschön und mit ihren langen blonden Haaren erinnerte sie mich an Claudia Schiffer, ein berühmtes deutsches Model der 90er-Jahre. Mich überkam Neid. Noch immer kämpfte ich mit dem Gewicht, das ich durch das viele Grillfleisch und den Alkohol zugelegt hatte. Wann immer ich mich selbst auf Fotos sah, erkannte ich mich nicht mehr wieder – jegliche Diäten hatten nicht funktioniert.

Claudia Schiffer sah mich nach vorne kommen und hielt meinen Arm fest: „Wer bist du?", fragte sie mich und sah mich eindringlich an. „Ich möchte deine Geschichte hören!" „Wirklich?" Tränen füllten meine Augen, als sie mich auf den Stuhl neben sich zog: „Ich habe das Gefühl, dass da so viel in dir ist!", sagte sie und ich nickte schluchzend. „Erzähl mir deine Geschichte, bitte!" Alles verschwamm und die Stimmen der Menschen um mich herum wurden zu einem leisen Rauschen, als ich begann, ihr von meinem Leben zu erzählen.

„Deshalb wollen auch wir – wie Läufer bei einem Wettkampf – mit aller Ausdauer dem Ziel entgegenlaufen." Hebräer 12,1

Kapitel 9

DAS LIEBE BÖSE GELD

....

Sie hörte mir zu, bis ich alles gesagt hatte, was ich erzählen wollte. Dann nahm sie mich in den Arm und tröstete mich. Sie ließ mich nicht alleine nach Hause gehen, sondern fuhr mich zurück. Und sie versprach, mich in der nächsten Woche zum Gottesdienst abzuholen. Noch vor dem Wochenende erhielt ich einen Anruf von ihr: „Hast du Lust auf einen Spaziergang?"

Wir liefen nebeneinander her und redeten. Das meiste sprach ich. Ich redete, bis ich mich selbst nicht mehr reden hören konnte. Dann schwieg ich. Sie stupste mich an. „Siehst du, wie weit wir bergauf gelaufen sind?", wollte sie wissen. Wir waren die Straße entlang bis zum Anfang einer Bergkette spaziert. „Nein, tatsächlich nicht!", antwortete ich. „Das kommt daher, dass wir zusammen gelaufen sind!", sagte sie. „Wenn man zusammen läuft, ist es leichter." Wie recht sie hatte! Ihre Anwesenheit tat so unglaublich gut. Sie war wie ein Engel, direkt von Gott gesandt. Ich erzählte ihr von meinen Ängsten, dass ich nicht zurück nach Deutschland wollte und dass ich Angst vor den Stimmen hatte, die sagten, dass ich mit Sicherheit niemals das bekommen würde, was mir wünschte. Ich machte auch kein Geheimnis daraus, dass ich Schulden hatte. Die Auswirkungen der Trennung von meinem Mann drei Jahre zuvor waren enorm gewesen! Alles, was ich kannte, und alles, was wir uns gemeinsam aufgebaut hatten, war zerstört. Wir hatten alles geteilt: ein Konto, eine Wohnung, eine Gemeinde, eine Hochschule und einen Freundeskreis. Und mit einem Schlag war all das weg gewesen. Freunde hatten sich entscheiden müssen, wem gegenüber sie loyal bleiben wollten. Die Wohnung hatte ich freiwillig verlassen und war zu meiner neugewonnenen Familie gezogen. Die Gemeinde, die ich über alles liebte, hatte ich ihm zuliebe aufgegeben. Und die finanziellen Sachen hatte ein Anwalt klären müssen, was nicht immer reibungslos verlief. Vor allem beim Thema Geld hatte ich gespürt, was es bedeutete, von einem Mann abhängig zu sein. Das war etwas, das mich vorher nicht gestört hatte. Ich war so traditionell aufgewachsen, dass ich es sogar gut fand, wenn der Mann die Frau versorgte. Doch schon bald hatte ich erleben müssen, was es hieß, für mich selbst zu sorgen – ich hatte keine Wahl gehabt. Als die

DAS LIEBE BÖSE GELD

Unterhaltszahlungen eingestellt wurden, hatte das Geld nicht mehr ausgereicht, um meine monatlichen Ausgaben zu decken, obwohl ich neben meinem Studium arbeitete. Ich hatte einen Studienkredit aufgenommen, der mir half, mich über Wasser zu halten und der noch weiter bis zur Verteidigung meiner Bachelorarbeit monatlich ausgezahlt wurde. Der Kredit hatte es mir überhaupt erst ermöglicht, wieder nach Südafrika zu reisen, und gab mir somit eine gewisse Freiheit, die andere bisweilen mit einer gewissen Missgunst zur Kenntnis nahmen. Sie hielten es für verantwortungslos und riskant und hätten lieber gesehen, dass ich das Geld für die Rückzahlung des Kredits sofort beiseitelegte. Ich hingegen wünschte mir, dass mich die Menschen in meinen Vorhaben ermutigten und mir zusprachen, dass ich auf dem richtigen Weg war. Warum glaubte eigentlich niemand an mich? Für mein Praktikum in Durban war ich sogar in den Genuss eines Stipendiums gekommen, das meine Hochschule an Studierende mit besonders guten Leistungen vergab. Aber es stimmte: Obwohl der Kredit mir vorher Freiheiten gegeben hatte, bestimmte er jetzt über meine nächsten Schritte – ich würde bald anfangen müssen, ihn abzubezahlen, und brauchte dafür ein Mindestgehalt!

Geld – das war für mich von jeher eine herzlose Sache. „Vielleicht will Gott aber auch, dass ich gar nichts habe", argumentierte ich. „Wenn ich den Armen dienen möchte, muss ich doch wissen, wie sie sich fühlen!" Sie sah mich skeptisch an und hielt mich dann am Arm fest, um meinen Schritt zu verlangsamen. „Da, siehst du sie?" Sie zeigte auf eine graue Mülltonne am Wegrand, deren Deckel weit aufgeklappt war. „Ich denke, es ist an der Zeit, dass du da alle deine Ängste hineinwirfst. Und wenn du das gemacht hast, dann klappen wir den Deckel zu!" Diesmal war ich diejenige, die skeptisch dreinblickte. „Echt jetzt?" Sie fuhr fort: „Es ist nicht richtig, was du über Geld denkst. Geld ist weder gut noch schlecht. Geld ist neutral und entwickelt sich in den Händen desjenigen, der es hat. Wenn du ein Auto und Geld hast, kannst du den Armen dann nicht viel besser dienen, als wenn du nichts hast?" Ich dachte kurz nach. Das machte Sinn. „Geld ist nichts Schlimmes", fuhr sie fort. „Deine Gedanken über Geld kannst du auch gleich in die Tonne schmeißen!" Sie war sanftmütig in ihrer Art, wie sie sprach, und ich vertraute ihr. Ich ging zu der Tonne und stellte mich direkt vor sie. Ich sagte laut: „In diese Tonne schmeiße ich falsche Ängste. Ich schmeiße Gedanken von anderen hinein, die in meinem Kopf kreisen und mir sagen, dass es unmöglich ist, das umzusetzen, was ich will. Die sagen, ich drehe mich nur im Kreis und ziehe nichts durch, nicht einmal meine Ehe. Ich lasse die Vergangenheit hinter mir. Ich sehe nicht auf den Preis, den ich jetzt zahlen muss, sondern auf den Gewinn, der vor mir liegt. Ich sehe nicht auf meine Umstände, sondern auf Gottes Güte. Ich sehe nicht auf meine Fehler, sondern auf Jesu Tod am

Kreuz. Denn darin liegt das Geheimnis, das die Welt nicht kennt. Ich bin Pionierin. Ich bin Liebhaberin Gottes. Ich bin Prophetin. Ich bin Missionarin. Ich bin ein geistliches Wesen. Ich bin geliebt!" Und damit schloss ich den Deckel der Tonne und wir setzten unseren Spaziergang fort.

Mein Weg führte mich nach ein paar Wochen weiter nach Kapstadt und dort in die Gemeinschaft von Christen der „Jugend mit einer Mission" in Muizenberg. Durch eine Freundin in Deutschland hatte ich den Namen einer Mitarbeiterin erhalten, die mich gleich einlud, für eine Woche in ihrer WG zu wohnen, so lange eine ihrer Mitbewohnerinnen auf Heimaturlaub war. Die Zeit dort war ein absolutes Geschenk. Nicht nur, dass ich in unmittelbarer Nähe meines geliebten Ozeans wohnte, ich durfte auch die Bibelschule besuchen, wann immer ich wollte. In der Nähe der Schule gab es außerdem ein kleines Café mit einem Dienst für Obdachlose. Es war ein sehr einladender und gemütlicher kleiner Laden, im Hintergrund lief leise Anbetungsmusik und es wurde kostenloser Kaffee angeboten. Überall waren Stühle und gemütliche Sitzkissen verteilt. Das Licht war gedämmt und sorgte für eine warme Wohlfühl-Atmosphäre. Es gab außerdem Platz für Anbetungsmalerei, eine Kunst, die auch ich in den ersten Jahren meines Christseins in Seminaren erlernt hatte: Die Mitarbeiter des Dienstes vor Ort beteten über den Gästen und malten ihnen

Bilder von Eindrücken, die Gott ihnen für die jeweilige Person schenkte. Ich bat sie, auch über mir zu beten, und erhielt zwei Bilder, die ich mit nach Hause nahm: Das eine Bild war eine bunte Mischung aus einem Schmetterling und einer Blume. Das Bild stand dafür, dass ich ein wunderschöner, farbenfroher Schmetterling war, der sich dann entfaltete, wenn er sich verorten würde wie die Blume, die Wurzeln schlägt. Das andere Bild war das Bild einer Laufbahn. Ich war Teil eines Wettkampfs, wie ich es durch den 400 m-Lauf kannte. Ich lief mit vollem Energieeinsatz. Andere Sportler liefen links und rechts von mir, aber sie griffen zu Hilfsmitteln, um voranzukommen. Da diese Hilfsmittel nicht die richtigen waren, fielen die Läufer zurück. Ich aber lief den Siegeslauf bis ins Ziel, weil ich die Wahrheit kannte.

Die Bilder motivierten mich noch viele Monate später und halfen mir, in die Zukunft zu sehen. Vor allem das Bild des Siegeslaufes, das ursprünglich aus dem Brief an die Philipper stammt, in dem Paulus schreibt, dass er sein Rennen mit dem Ziel vor Augen rennt, erinnerte mich daran, dass wir berufen sind, wie die Glaubensvorbilder aus Hebräer 11 zu leben, die nicht auf das sahen, was vor Augen lag, sondern auf das Zukünftige.

Dieses Bild und die Erinnerung an die Mülltonne, in die ich meine Ängste geworfen hatte, waren ein Start- und gleichzeitig auch ein Wendepunkt in meinem Leben.

DAS LIEBE BÖSE GELD

In einem nächsten Schritt machte ich mir noch einmal bewusst, welche Gedanken und Ängste mich in der Vergangenheit zurückgehalten hatten, und tauschte sie gegen Wahrheiten ein. Wahrheiten wie: „Ich habe einen Auftrag!", „Ich habe Autorität in Jesus!", „Gott glaubt an mich!" Ich schrieb auf, wer mich in meinem Umfeld bereits unterstützt hatte. Außerdem telefonierte ich regelmäßig mit einer Freundin, die genau wie ich die Mission auf dem Herzen hatte und zu der Zeit eine Jüngerschaftsschule in England besuchte. In christlicher Gemeinschaft zu sein, tat mir unglaublich gut, und das Proklamieren der Wahrheiten über meinem Leben, die Gott mit in der Vergangenheit offenbart hatte, veränderte mein Denken und meinen Blick auf die Zukunft. Ich begann, die Bibel intensiver zu studieren und mir genau aufzuschreiben, was ich aus den Versen lernen konnte und warum sie relevant für mein Leben waren. Ich beschäftigte mich damit, was ich von meinen ersten Gemeindeleitern gelernt hatte. Und ich setzte mich ernsthaft mit meinen Stärken und meinen Schwächen auseinander, ohne meine Schwächen zu verurteilen. So zum Beispiel gestand ich mir ein, dass ich auf der einen Seite warmherzig und voller Liebe war, auf der anderen Seite aber schnell begann, andere und mich selbst zu richten, wenn ich die Geduld verlor.

Während meiner Zeit in Muizenberg machte ich mich auf die Suche nach Arbeit. Ich suchte sowohl in Südafrika als auch in Deutschland und fand schließlich eine Stellenausschreibung in München, auf die ich mich bewarb. Obwohl es sich nur um eine Arbeitsstelle in einem Kindergarten handelte, die nicht zu meiner ersten Wahl gehörte, war ich dennoch zuversichtlich. Es sollte mein erster Vollzeitjob werden und ich war überzeugt, dass es mir gelingen würde, meinen Studienkredit in kurzer Zeit abzubezahlen. Ich ging reflektiert daran, mich auf meine Ausreise nach Deutschland vorzubereiten. Mehr denn je hatte ich das Bewusstsein dafür, dass Leiterschaft, Gemeinschaft, Gehorsam und Mut wichtige Stützpfeiler in meinem Leben sein mussten, auf denen ich meinen Glauben aufbauen würde. Und ich wusste, dass ich verändert nach Deutschland zurückkehrte, wenn ich mich entschied zu gehen!

In der Nacht, in der ich die Stelle fand, begegnete mir mein erster Pastor im Traum. Ich träumte, dass mangelnde Kommunikation und verschiedene Wünsche uns in jeweils falsche Positionen brachten. Als ich am nächsten Morgen erwachte, vermisste ich meine erste Gemeinde, ahnte aber nicht, dass dieser Traum eigentlich auf meine zukünftige Arbeit hinwies, in der die Vorstellungen meiner Chefin und mir weit auseinandergehen sollten.

Ich erinnerte mich stattdessen an meine Freunde und die Lehre in meiner ersten Gemeinde. Kurz nach der Trennung zwischen mir und meinem Mann, vier Jahre zuvor, hatte sich meine geliebte Kirche gespalten. Das mit anzusehen, war mindestens so schmerzhaft gewesen wie die Trennung selbst. Zwar hatte ich die Gemeinde verlassen, um nicht mehr ständig mit meinem Ex zusammenzustoßen, aber im Herzen hatte ich sie nie losgelassen. Diese Gemeinde war wie eine Familie für mich gewesen. Alles, was ich über Christus wusste, hatte ich dort gelernt. Wir hatten zusammen gedient, gebetet und gelebt. Die Trennung und die Spaltung schienen tiefere Wunden hinterlassen zu haben, als ich mir eingestehen wollte. Über die Spaltung der Gemeinde hatte ich nie mit jemandem gesprochen und die Trennung von meinem Mann hatte ich nicht aufgearbeitet, sondern versucht zu vergessen. Sobald die Gedanken an die Vergangenheit kamen, verhärtete sich normalerweise mein Herz. Ich wollte mich nicht erinnern.

Jetzt aber, während meiner morgendlichen Andacht, forderte Gott mich heraus, über die vielen Worte nachzudenken, die ich tagtäglich von mir gab. Wovon das Herz voll ist, davon spricht der Mund, heißt es in der Bibel. Aus meinem Mund kam allerlei Unschönes. Und so nahm ich mir gedanklich meinen Mülleimer aus Somerset West zur Seite und öffnete den Deckel. Ich schmiss meine Angst hinein, dass ich auf meinem Kredit sitzen bleiben würde, und dass ich befürchtete, nicht nach Südafrika zurückkehren zu können, wenn ich jetzt nach Deutschland ging. Ich warf außerdem meine Menschenfurcht in die Tonne. Schon lange begleitete mich die Angst, dass andere anscheinend besser als ich wussten, was richtig für mich war. Wenn ich kritisiert wurde, dann traf mich das oft deswegen so hart, weil ich an mir selbst zweifelte. Sollte ich in meinem Alter nicht längst ein stabiles Leben aufgebaut haben? Innerlich suchte ich stets nach dem, was „normal" war. Und obwohl ich wusste, dass es nur kulturell bedingte Antworten auf die Frage nach einer „Norm" gab, war ich davon überzeugt, dass alle anderen deshalb glücklicher sein mussten als ich, weil sie „normal" waren. Nein, ich war bestimmt keine gute Deutsche. Ich arbeitete nicht auf ein Reihenhaus hin und strebte keine Karriere an. Aber ich wollte vertrauen, dass Gott mir beibringen würde, mich selbst zu lieben, mit meinen Stärken und Schwächen! Und so warf ich auch den Gedanken in die Tonne, dass ich eine Versagerin sein musste. Denn das war es, was mir beigebracht worden war und was ich im tiefsten Inneren über mich selbst glaubte.

Als es Zeit wurde, sich aus Muizenberg zu verabschieden, verließ ich die Missionare nur schweren Herzens. Ich deckte den kleinen Küchentisch mit Blumen und Schokoladen. Zum ersten Mal seit Jahren war ich umgeben von Menschen gewesen, die waren wie ich. Menschen, die reisen wollten, um anderen von Gott zu erzählen und um praktisch zu helfen. Es tat einfach unglaublich guttut, sich mit Menschen zu umgeben, deren Herz für eine ähnliche Sache brennt. Gott gab mir noch einen Vers mit auf den Weg: „Mehr als alles andere behüte dein Herz, denn dies ist die Quelle des Lebens." Ach, hätte ich mir diesen Vers doch nur groß an die Kühlschranktür geklebt!

DAS LIEBE BÖSE GELD

Mein nächster Stopp führt mich erneut in den Norden von Kapstadt und somit näher an den Hauptcampus meiner neuen Gemeinde, in der ich Gott ein paar Wochen zuvor in Somerset West mein Leben hingelegt hatte. Und nun hatte mich meine neue Freundin „Claudia Schiffer" auch noch ein paar Frauen vom Campus in Kapstadt vorgestellt, damit ich gleich Anschluss finden würde.

Bereits am ersten Tag im Norden bekam ich eine Nachricht aus München: „Gute Neuigkeiten! Wir werden Ihnen einen Vertrag als Gruppenleitung oder eventuell auch stellvertretende Leitung zuschicken. Die finale Entscheidung steht noch aus." Es überraschte mich, dass keine Erklärung folgte, warum sie mich nicht für die Leitungsposition vorsahen, auf die ich mich ursprünglich beworben hatte. Auch das Gehalt, das sie mir anboten, war geringer als ich erwartete und würde nur knapp ausreichen, um meine voraussichtlichen monatlichen Kosten zu decken.

Mein Enthusiasmus darüber, endlich eine Arbeit gefunden zu haben, wurde zudem gedämpft, als ich mir vorstellte, wie ich mit Kleinkindern in einem Stuhlkreis sitzen würde. Zwar hatte mir die Arbeit im Kindergarten in Johannesburg Freude gemacht, aber ich war keine Erzieherin. Mir fehlten die Geduld und das Fingerspitzengefühl im Umgang mit den Kleinen und ich hatte mich auf eine Leitungsposition beworben, um die Abwechslung der Büroarbeit und der Elternarbeit zu genießen, die diese Position mit sich brachte.

Ich dachte darüber nach, was ich mit dem Stellenangebot tun sollte, und fragte mich gleichzeitig, warum ich so viele Jahre geglaubt hatte, dass es edler wäre, nichts zu besitzen. Vermutlich war der Traum vom Föhn und dem Flugzeug der Grund gewesen. War es in dem Fall meine Überzeugung, dass ein Leben im vollzeitlichen Dienst bedeutete, dass ich nicht arbeitete und wie Paulus um die Welt reiste? Ich hatte den Traum damals so gedeutet, dass ich erst dann frei wäre, Gott zu folgen, wenn ich nichts mehr besaß. Immerhin sagte Jesus zu seinen Jüngern ja auch, dass sie nichts mitnehmen sollten, wenn sie ihm nachfolgten. Es war ein radikaler Gedanke, aber auch ein reizvoller. Ein bisschen fürchtete ich mich nämlich davor, dass ich im Alter zurücksehen und mich fragen würde, was ich aus dem Leben gemacht hatte, das Gott mir gegeben hat. Doch was war, wenn Gott mir tatsächlich Geld anvertrauen wollte, damit ich andere damit segnen konnte? Auch hatte ich damals das Flugzeug so gedeutet, dass ich auf Mission gehen würde. Mission! „Was ist eigentlich die Definition von Mission?", fragte ich mich auf einmal. Jedes Business hat eine Mission. Und auch meine neue Gemeinde hatte eine. Die Kirche wollte Menschen in Großstädten erreichen, Business-Menschen genauso wie Arbeitslose, und sie nutzte Neue Medien dafür. Die Gemeinde hatte nicht das Ziel für sich zu bleiben, sondern träumte davon, eine Nation aufzubauen, die noch immer ein Entwicklungsland war.

War Mission also vielleicht mehr, als im Busch zu sitzen, den Einheimischen zu predigen und von den Spenden anderer zu leben? Hatte ich all die Jahre zu klein gedacht? Bis jetzt hatte ich noch nie erlebt, dass Missionare in eine Großstadt gingen. Aber meine neue Gemeinde konzentrierte sich hauptsächlich darauf, Kirchen in einflussreichen Städten zu gründen. Und obwohl ich unter einem Missionar immer jemanden verstanden hatte, der unter die Armen geht, vergaß ich den Satz meiner Freundin nicht, die sagte: „Wenn du mehr hast, kannst du auch mehr geben!"

Zum ersten Mal in meinem Leben setzte ich mich hier in Kapstadt mit der Frage auseinander, ob ich Geld besitzen wollte, weil es sinnvoll war! Ich hatte auf dem Herzen, anderen etwas Gutes zu tun, und anscheinend war Geld eine gute Möglichkeit, sich in andere zu investieren. Ich dachte an Kinder, die davon träumten, Rechtsanwälte oder Ärzte zu werden und deren Familien kein Geld hatten, um die Schulausbildung, geschweige denn die Universität, für diese Kinder zu bezahlen. Auch die Toiletten, die ich dem Direktor in Durban versprochen hatte, würden Geld kosten.

War ich auch mit der Mentalität aufgewachsen, dass ich arbeiten musste, um finanziell unabhängig zu sein, so hatte ich hier gelernt, dass mich Beziehungen an Orte gebracht hatten, die ich sonst vielleicht nie gesehen hätte – auch nicht mit einem stabilen Einkommen. „Du bist deines eigenen Glückes Schmied" war ein typisch deutsches Sprichwort. Doch in Südafrika hatte ich wahre Hilfsbereitschaft und auch Luxus erfahren, ohne irgendetwas dafür zu tun. In mir keimte auf einmal der Wunsch auf, eines Tages anderen etwas zurückgeben zu können. Durch zwei deutsche Praktikanten hatte ich in Durban den Bungalow mit dem wunderschönen Garten gefunden. Ich war von ihnen mit auf Safari mitgenommen worden – etwas, das ich ohne Auto so nie erlebt hätte. Auf dem ersten Flug von Durban nach Kapstadt hatte ich einen Deutschen kennengelernt, der mir die Telefonnummer und die Adresse seiner Eltern gab, falls ich stranden und Hilfe brauchen würde. Sie waren vor vielen Jahren nach Kapstadt ausgewandert. Bei meiner Ankunft hatte ich Unterstützung von Freunden in der deutschen Gemeinde erhalten. Ich war in Villen eingeladen worden, die ich vom Format nur aus dem Fernsehen kannte, und hatte einen privaten Rundflug über das Kap in einer kleinen Propellermaschine gemacht, weil ein neuer Freund Pilot war. In Johannesburg war ich wieder auf Safari eingeladen worden. In Somerset West hatte ich kostenlos bei einer Fremden in ihrem Haus im Villenviertel Unterschlupf gefunden, nur weil ihre Freundin eine Nachbarin meiner Mutter war. Zurück in Kapstadt wohnte ich nun nur eine Straße vom Strand entfernt und Freunde aus der Gemeinde holten mich sonntags zum Gottesdienst ab, bis ich einen eigenen Wagen hatte. Aber ich hatte keine Ahnung, dass mir die größten Segnungen noch bevorstanden!

Nun fiel mir die Geschichte der treuen Verwalter in

Lukas 16,1-9 ein. Die ersten beiden Verwalter investieren, aber der letzte Verwalter hält an dem fest, was er hat. Was war, wenn Gott mich segnen wollte, damit ich dieses Geld investieren könnte?

In mir wuchs irgendwie das Verlangen, die beste Version von mir selbst zu werden. Für die längste Zeit meines Lebens hatte ich mich selbst kleingemacht. Gedanklich und auch mit Worten. Ich hatte mir schlecht bezahlte Nebenjobs gesucht, die die meisten Studenten nicht freiwillig machen würden, weil ich dachte, dass ich nichts Besseres finden würde. Dieses Armutsdenken hatte mich in Gefangenschaft gehalten und in Depressionen geführt. Und damit war es nun vorbei! Während ich nun meinen Wert neu definierte, ermutigte ich mich selbst, aufzustehen und zu kämpfen. Ein erster wichtiger Schritt war, dass ich lernte, mich nicht mehr länger nur über Arbeit zu definieren. Mein Wert bestand schließlich darin, dass ich Tochter Gottes war!

An Ostern bekam ich den Vertrag aus Deutschland zugeschickt: „Wir bieten dir die stellvertretende Kindergartenleitung in München an", hieß es darin. „Immerhin!", dachte ich mir. Aber Plan A war das natürlich nicht! Nicht jetzt, wo ich gerade begann mich zuhause zu fühlen. Kurz nach Ostern hatte ich dann auf einmal den Eindruck, dass die Arbeit in München zwar eine gute Option darstellte, die Entscheidung die Stelle anzunehmen allerdings nicht „richtig" sei. Das Gefühl kam ganz plötzlich und verwirrte mich. War das

Gott, der zu meinem Herzen sprach? Seit dem Gottesdienst in Somerset West hatte ich eine radikale Veränderung erlebt. Zum ersten Mal seit langer Zeit fühlte ich mich wieder richtig lebendig! Ich war Teil einer Kirche und nannte sie „meine" Gemeinde. Nach kurzer Zeit wurde ich Teil des Worshipteams und begann so, aktiv in der Gemeinde mitzuarbeiten. Am Ostersonntag hatte ich in drei aufeinanderfolgenden Gottesdiensten gedient – und es geliebt! Mein Betonherz hatte zu bröckeln begonnen. Seit langer Zeit erlebte ich wieder echte Freude!

Da mir noch ein paar Wochen blieben, bevor ich nach Deutschland zurückkehrte, verbrachte ich in den kommenden Wochen erst einmal viel Zeit mit meinen neuen Freunden aus der Gemeinde. Während wir uns austauschten, fiel mir sofort eine Gemeinsamkeit auf: Wir alle waren in dieser Stadt, weil wir glaubten, dass Gott uns dazu berufen hatte. Und während die anderen scheinbar offene Türen erlebten, war ich mir nicht sicher, wie es bei mir weitergehen sollte. „Warum tut sich bei mir einfach nichts?", fragte ich mich fast täglich. Die Frage, ob ich nach München gehen oder in Kapstadt bleiben sollte, beschäftigte mich oft bis tief in die Nacht. Worte aus der Vergangenheit kamen in meine Erinnerung: „Du willst immer alles haben, aber das geht einfach nicht!" Um die negativen Gedanken loszuwerden, ging ich spazieren. Ich hatte gelernt, dass es wichtig war, den Blick zu heben und in Bewegung zu bleiben um sich nicht von Traurigkeit überwältigen zu lassen. Eine Freundin ermutigte mich eines Tages: „Wenn du jetzt gehst, dann sieh es nicht als Versagen an!" Es fiel mir schwer, das so anzunehmen. Es ging nicht wirklich um ein mögliches Versagen. Ich brauchte Perspektive. Vielleicht wäre meine Abreise nicht endgültig, aber wann könnte ich zurückkommen, wenn ich erst einmal arbeitete? Der Gedanke daran meine Gemeinde und meine neuen Freunde für eine lange Zeit nicht sehen zu können tat mir sehr weh. Endlich hatte ich etwas Stabilität gefunden, und das aufzugeben wäre ein harter Schlag!

Der Wind strich sanft durch die Palmenblätter und kündigte einen Wetterumschwung an. Die Tage wurden allmählich kürzer und die Luft kühler. Der Herbst kündigte sich an. Ich versuchte mich zu erinnern, was ich über Entscheidungen gelernt hatte. Als ich gerade frisch mit Gott unterwegs war, hatte ich tolle Mentorinnen gehabt. Eine von ihnen hatte mich gelehrt, dass wir Christen nicht irgendwo hinziehen, weil wir dort Arbeit finden. Sie erklärte mir, dass wir unsere Heimat dort auswählen, wo unsere Gemeinde ist. Wenn ich das wirklich glaubte, dann musste ich in Südafrika bleiben. Dann machte es auch keinen Sinn, wegzugehen. Auf der anderen Seite hatte ich in Kapstadt keine Arbeit und es sah nicht danach aus, dass sich das auf die Schnelle ändern würde. Meine Überlegungen überschlugen sich. Denn auf der einen Seite wollte ich verantwortungsbewusst sein und das

KAPITEL 9

ausleben, was ich gerade gelernt hatte: Nämlich, dass ich mehr zu geben hatte, wenn ich Finanzen besaß! Auf der anderen Seite war ich nun Teil einer lebendigen Ortsgemeinde und meinem Herzen ging es innerhalb der Gemeinschaft jeden Tag besser! Dieser Zwiespalt machte mir sehr zu schaffen: Ich fand keine innerliche Ruhe. Es fiel mir unglaublich schwer, eine endgültige Entscheidung zu treffen, denn es schien so, als könnte ich dabei nicht gewinnen, unabhängig davon, wie es weitergehen würde.

Gedanken stiegen in mir hoch, wie: „Siehst du? Du bist auch hier allein! Niemand betet für dich! Denkst du wirklich, man findet so schnell Freunde?" Ich schob sie beiseite und betete stattdessen. Ich rief außerdem in München an, um weitere Einzelheiten zu erfragen, aber erreichte dort niemanden und auch meine Anfragen per E-Mail blieben unbeantwortet. Ständig versuchte ich hinter allem, was geschah, Gott zu sehen. Aber wirklich dauerhaften Frieden spürte ich nicht. Die Tage vergingen wie im Flug und die Zeit drängte auf eine Entscheidung. Während ich auf den Frieden Gottes wartete, den ich mir als meinen Wegweiser erhoffte, ging ich regelmäßig in die Gemeinde und sang auch weiter im Chor. Es erfüllte mich, zu singen und Gott anzubeten. Es war ein wahr gewordener Traum, mit talentierten und gesalbten Lobpreisleitern auf der Bühne zu stehen. Heimlich wünschte ich mir, die Gemeinde ebenfalls eines Tages im Lobpreis leiten zu dürfen. Worship war ab dem Moment meine große

Leidenschaft geworden, in dem ich Christ wurde. Die späten Jahre meiner Pubertät waren musikalisch eher still gewesen, auch wenn ich als Kind leidenschaftlich gerne gesungen und Klavier gelernt hatte. Die vielen schmerzhaften Ereignisse hatten mich zum Schweigen gebracht, doch in mir schlummerten ein Löwenherz und eine Anbeterin. Ich liebte es über alles, zu singen und in den Jahren nach meiner Bekehrung sog ich Anbetung wie Luft in meine Lungen auf. Worship-Abende waren jeher meine Tankstelle und mein Zufluchtsort geworden! Gemeinsam in Anbetung mit Menschen zu stehen, die Gott über alles liebten, erfüllte mein Herz und belebte meinen Glauben – damals genauso wie heute! In den Jahren zuvor hatte ich in den anderen Gemeinden in Südafrika ebenfalls im Lobpreis-Team dienen dürfen, etwas, das ich immer als Privileg und Geschenk betrachtet hatte. Doch in meiner neuen Gemeinde war Worship ein riesengroßer Dienstbereich und ich konnte unglaublich viel von den anderen lernen – sowohl auf geistlicher als auch auf praktischer Ebene. Umso dankbarer war ich, dazu zu gehören!

Gott kümmerte sich um mich und es mangelte mir an nichts. Trotzdem machte ich mir zur gleichen Zeit Vorwürfe, noch keine Arbeit gefunden zu haben und redete mir ein, dass ich faul sei. Auf der einen Seite wollte ich mich komplett auf Gott stützen, auf der anderen Seite klagte mich etwas in mir an, unreif und verantwortungslos zu sein. Ich wusste einfach nicht, was das Problem war. Warum war ich emotional so verwirrt? Ich schrieb in mein Tagebuch: „Gott, was ist los mit meinem Leben? Was sind deine Pläne für mich, oh Gott? Was wünschst du dir? Was ist deine Bestimmung für mich? Bitte, lass mich deinen Willen erfahren." Dass ich Gott hinter jedem Wort von anderen suchte, wurde mir während der Proben für die anstehende Frauenkonferenz fast zum Verhängnis. Dort lernte ich einen Deutschen kennen, der die Bibelschule in Sydney besucht hatte. Ich fragte ihn nach seinen Plänen und er sagte, er würde in der nächsten Woche nach Konstanz ziehen, ich solle doch auch kommen. „Ich habe dort doch gar keine Arbeit!", argumentierte ich lachend. „Na und?" war seine knappe Antwort. „Ich habe dort auch nur für eine Woche eine Unterkunft und sonst keine Sicherheiten!" Er schien überzeugt davon, dass das sein Weg war, und ich ließ mich inspirieren, noch über eine weitere Option nachzudenken. Sollte ich auch einfach nach Konstanz gehen? Ich fühlte mich rastlos und getrieben von den Möglichkeiten, von denen nur eine wirklich das war, was ich wollte. Doch alles sah so aus, als ob ich diese nicht haben könnte, daher entschied ich, mich hinzusetzen, mich neu zu fokussieren und meine Vision für mein Leben aufzuschreiben. Nur wenn ich mich auf das konzentrierte, was Gott auf mein Leben gelegt hatte, würde ich eine gute Entscheidung treffen können!

Während der Konferenz, die ich gemeinsam mit einigen Freundinnen besuchte, wurde ich daran erinnert, dass Gott an jedem Detail in unserem Leben interessiert ist – aber diese Botschaft drang einfach nicht zu meinem Herzen durch. Es stimmte, er liebte mich bedingungslos. Doch warum half er mir dann nicht, in Kapstadt zu bleiben? Ich hörte Worte von Rednerinnen, die direkt zu meinem Herzen sprachen und betonten, wie wichtig ein Ort ist, den wir ein Zuhause nennen können. Ein Ort, an dem wir von Menschen umgeben sind, die das Gefühl nach Zugehörigkeit in uns ein Stück weit stillen können. Wenn irgendjemand in dieser Arena den Wunsch nach Zugehörigkeit, Zuhause und Familie empfand, dann doch wohl ich.

Es war an einem Nachmittag gewesen, als ich während der Konferenz einen Satz hörte, der mich zukünftig nicht mehr loslassen sollte: „The Beauty lies within God's people. – Die Schönheit liegt in den Menschen Gottes." Ich war umgeben von gläubigen Frauen. Eine von ihnen hatte sich sogar kleine Geschenke für uns alle ausgedacht, die sie uns feierlich überreicht hatte, nachdem wir unsere Sitzplätze eingenommen hatten. Und plötzlich wurde mir bewusst, dass das alles scheinbar anteilslos an mir vorbei ging, weil ich so sehr mit mir selbst beschäftigt war. Wie lange fühlte ich mich nun schon alleine, weil doch der wahre Grund dafür war, dass ich tief im Herzen glaubte, dass ich wirklich alleine war?

Dass es sowohl in Deutschland als auch in Südafrika Menschen gab, die mich liebten und gerne umsorgten, hatte ich nicht mehr wahrgenommen. Freunde und

Familie, die jederzeit ihre Türen für mich öffneten, kamen nur dann in meine Erinnerung, wenn ich mich fragte, wer mich im Notfall auffangen würde. Mein ganzes Denken war auf „Notsituationen" ausgerichtet, mit denen ich jederzeit rechnete. Aber ich hatte wenig dafür getan wirkliche Beziehungen aufzubauen – für meine Freunde zu beten und mich bei ihnen zu melden. Jemanden im Herzen zu halten, ihn wertzuschätzen und sich an ihn zu erinnern, das ist eine Entscheidung. Es ist nicht nur das Merkmal einer guten Beziehung, es vertreibt auch die Einsamkeit.

Ich ahnte, dass Gott mir einen Schlüssel für mein Leben gegeben hatte. Einen Hinweis darauf, wie ich in meinem Herzen aufräumen und Beständigkeit erlangen konnte: Ich hatte Menschen in meinem Herzen festgehalten, die ich nicht hätte festhalten sollen. Gleichzeitig verschloss ich mein Herz für diejenigen, die es verdient hätten, eingelassen zu werden. Es war an der Zeit, manche Menschen loszulassen und andere aufzunehmen. Manchmal geschehen diese Prozesse zur gleichen Zeit. Jetzt sprach er noch einmal: „Mehr als alles andere behüte dein Herz."

Obwohl diese Erkenntnis wichtig für mich war, hatte ich mir eigentlich eine eindeutige Antwort in Bezug auf meinen nächsten Schritt gewünscht. Stattdessen bekam ich Klarheit darüber, dass ich in Zukunft weitsichtiger denken musste, um an mein Ziel zu gelangen: Der Weg zurück nach Deutschland konnte mich aus meiner

DAS LIEBE BÖSE GELD

Schuldenfalle hinausführen und mich dann schuldenfrei nach Afrika zurückkehren lassen. Mein Herz wollte nicht nach Deutschland zurück, es wollte in Südafrika bleiben. Aber für mehr als nur ein paar Wochen oder Monate: Ich wollte für immer bleiben. Und auch wenn es hart werden würde, war das, so schien es, der richtige Weg.

Es war keine leichte Zeit, weil in mir ein Kampf um eine schwierige Entscheidung tobte – aber es war eine gesegnete Zeit, weil ich mit Gott ging. Und so, wie ich es ganz am Anfang erlebt hatte, als ich Gott gerade kennengelernt hatte, war es nun wieder: Wir wurden Freunde, Gott und ich. Beste Freunde!

„Alle, die sich von Gottes Geist leiten lassen, sind seine Söhne und Töchter." Römer 8,14

Kapitel 10

AUF STÖCKELSCHUHEN

Antidepressiva? Ob ich schon einmal Antidepressiva genommen hätte? Nein. Ob ich Schlafprobleme hätte? Waren Albträume Schlafprobleme? Oder meinte sie, Probleme einzuschlafen? Ich fragte nicht nach. Sie empfahl mir, jeden Tag morgens und abends eine Tablette zu nehmen. Ich müsste nur beobachten, wie ich sie vertrage. Aha. Sie drückte mir ein Rezept für die Apotheke in die Hand.

War es wirklich so weit gekommen? Brauchte ich nun Medikamente? Ich starrte ins Leere. Die Therapeutin machte Anstalten aufzustehen – anscheinend war unser Gespräch damit beendet.

Als der Tag der Entscheidung näher gerückt war, hatte ich fleißig Pro- und Contra-Listen geschrieben und Freunde in Deutschland und Kapstadt um Rat gefragt. Sie hatten für meine Entscheidung gebetet. Da ich nicht undankbar für das Jobangebot sein wollte und ich es auch irgendwie als offene Tür Gottes ansah, entschied ich mich, nach Deutschland zurückzukehren. Die meisten Freunde hatten mir geraten in Südafrika zu bleiben. Natürlich gab es eigentlich nichts, was ich mir sehnlicher wünschte, aber ich hatte ein schlechtes Gewissen bei dem Gedanken daran, dass ich mich möglicherweise von anderen abhängig machte. Doch seit meiner Ankunft in München hatte ich mit meiner Entscheidung nur oberflächlichen Frieden schließen können. Immer wieder geriet ich ins Zweifeln, selbst nachdem ich den Vertrag schon längst unterschrieben hatte. In der Zwischenzeit war ein neuer Mann in mein Leben getreten. Es mir gut, mich in dieser Beziehung einfach fallen zu lassen und zu wissen, dass ich nicht alleine in alldem war. Insgeheim hoffte ich, dass er der Retter war, auf den ich so lange gewartet hatte. Schnell begann ich mir eine Zukunft auszumalen, in der ich dauerhafte Sicherheit finden würde. Mein neuer Partner und ich waren sehr unterschiedlich, sodass unsere Beziehung von Anfang an einer großen Probe ausgesetzt gewesen war, jedoch hatte er mir versprochen, mich bald in München zu besuchen. Schließlich kam der Tag, an dem ich Südafrika verlassen und nach Deutschland zurückkehren sollte.

Ich hatte bereits ein Zimmer in einer christlichen WG in München gefunden und freute mich auf einen geregelten Alltag. Gleichzeitig machte es mir Angst, dass ich nicht wusste, wie lange ich in Deutschland bleiben würde. Wie lange würde es wohl dauern, meinen Kredit abzubezahlen? Ich hatte sehr gehofft, dass ich meine Arbeit im Kindergarten lieben würde – mit einer positiven Einstellung musste das einfach funktionieren!

Doch als wir mit dem Flugzeug den Äquator überquerten, wurde mein Herz schnell wieder schwer. Ich begriff schlagartig, was mich erwartete: Eine ungewohnte Umgebung und ein radikaler Neuanfang! Ich musste eine Gemeinde und neue Freunde finden. Auf der Arbeit würde ich mein Bestes geben müssen und in einer WG gab es auch unterschiedlichste Erwartungen, die es zu erfüllen galt. Wenn ich an all das dachte, fühlte ich mich bereits erschöpft! Der Umzug nach München war der dreißigste Umzug in meinem Leben – und ich war noch keine 33 Jahre alt! Er wäre mit Sicherheit auch nicht mein Letzter.

Es kam, wie es kommen musste. Die Ereignisse in München überschlugen sich und mein Herz konnte nicht Schritt halten mit dem, was ich erlebte. Gleich in der ersten Woche nach meiner Ankunft nahm ich meine Arbeit im Kindergarten auf. Am ersten Tag kam ich direkt zu spät – ich war es nicht gewohnt, mit den öffentlichen Verkehrsmitteln in einer großen Stadt unterwegs zu sein, und kannte das Streckennetz nicht. Auch wusste ich nichts von überfüllten U-Bahnen, in die nicht ein einziger Mensch mehr hineinpasste, sodass die Tür sich vor meinen Augen schloss und die Bahn ohne mich den Bahnhof in Richtung Norden verließ. Der Kindergarten lag in einem Geschäftsviertel, das man nur mit dem Bus oder zu Fuß erreichen konnte. Das letzte Stück zur Arbeit rannte ich. Verschwitzt kam ich eine Stunde verspätet an und stand vor einem großen, grauen, verspiegelten Gebäude aus den 80er-Jahren. Meine Chefin öffnete mir die Tür und musterte mich. Ihr Blick sagte so etwas wie: „Mädchen, dieser Blazer und die Absatzschuhe sind aber nicht das richtige Outfit für die Arbeit mit Kindern!"

Am Ende des ersten Arbeitstages war ich sehr verzweifelt und hinterfragte kurzfristig meinen eigenen Verstand. Ich wunderte mich, ob wir uns in dem Video-Bewerbungsgespräch missverstanden hatten. Ich hatte mich zu sehr an der Vorstellung festgeklammert, die stellvertretende Kindergartenleitung zu werden und damit gerechnet, mich am ersten Tag im Büro einzuarbeiten und die Mitarbeiter kennenzulernen. Stattdessen saß ich auf kleinen Stühlchen und verarbeitete buntes Papier zu Origami-Kunst – in Stöckelschuhen! Ich passte einfach nicht zu dieser Stelle!

Als ich nach Hause kam, durchforstete ich die Verträge. Meine neue Chefin hatte mir gesagt, dass ich erst einmal keine eigene Gruppe leiten würde, sondern sie in der Leitung ihrer Gruppe unterstützen würde. Den ganzen Tag lang hatte ich mich gefühlt wie eine Praktikantin. Meine Chefin selbst hatte zwei Wochen zuvor die Position besetzt, auf die ich mich beworben hatte, und nun verlangte sie, dass ich genau die Rolle einnehmen sollte, für die ich so ganz und gar nicht gemacht war: Anstatt das Büro zu managen, sollte ich bei den Kindern als Erzieherin sitzen! Da es sich um einen privaten Kindergarten handelte, hatte ich mich darauf gefreut, Verträge abzuschließen und das Konzept zu optimieren. Ich war „ready for business" – und nicht auf Basteln eingestellt!

Aber wo sollte ich auf die Schnelle einen neuen Job her nehmen? Es waren extrem harte Wochen, in denen ich ungern aufstand und mich am liebsten den ganzen Tag unter der Bettdecke versteckt hätte. Ich mochte München, aber ich fühlte mich wieder wie eine Versagerin. Was hatte ich mir da nur eingebrockt? Und warum konnte ich das Ganze nicht mit Humor nehmen und dankbar sein, dass ich einen Job hatte? Erneut brach meine Selbstkritik durch und die alten Stimmen, die ich so gut kannte, flüsterten mir ein: „Was ist falsch mit dir? Kannst du nicht einmal zufrieden sein? Gibst du etwa so schnell auf, wenn etwas nicht so ist, wie du es dir vorstellst? Das ist wirklich peinlich!"

Mein Weg zur Arbeit führte mich durch die halbe Stadt und die Menschenmengen in der U-Bahn überforderten mich. In der ersten Woche fuhr ich drei Mal in die falsche Richtung und kam jedes Mal zu spät zur Arbeit. Meiner Chefin bestätigte das nur, wie unfähig ich eigentlich war. Vermutlich sagte sie sich, dass jemand wie ich nicht einmal Gruppen-Assistentin sein konnte. Ich war unzuverlässig – damit hatte sie ganz recht. Aber ich tat es nicht aus Boshaftigkeit, ich gab wirklich mein Bestes, fühlte mich jedoch hoffnungslos überfordert!

Wenn ich nach Hause kam, sehnte ich mich nach Ruhe, doch mein Zimmer lag direkt zur dicht befahrenen Hauptstraße hinaus, etwas, das ich auch nicht gewohnt war. Für mich gab es nur noch eine Hoffnung: Am Sonntag eine Gemeinde zu finden!

In den nächsten Wochen besuchte ich dazu mehrere Kirchen. Keine davon schien wirklich zu mir zu passen. Innerlich verspürte ich eine Sehnsucht nach meiner Gemeinde in Kapstadt. Wut stieg in mir auf, die sich zu Selbsthass entwickelte. Dieser schien mich anzuklagen: „Warum bist du nur so wählerisch?" Meine Ansprüche passten nicht zur Realität, und das frustrierte mich dermaßen, dass ich emotional immer mehr auf dem Zahnfleisch lief. War die Reise nach Deutschland eine Fehlentscheidung gewesen? Oder war ich einfach lebensunfähig?

Ich wurde auch wütend auf Gott, weil ich betete, von ihm aber keine Antwort bekam, wie es weitergehen sollte. Hieß das, dass ich einfach weitermachen sollte wie bisher? Wie lange würde ich das durchstehen?

Schließlich fand ich in München eine Gemeinde, die meiner Kirche in Kapstadt ähnelte, aber es fiel mir schwer, mich auf die Menschen dort einzulassen. Ich war einsam, auch unter Menschen. Die Stimmen in meinem Kopf wurden lauter: „Du willst einfach alles auf einmal. Das geht aber nicht!" und „Sei nicht so anspruchsvoll!" So ermahnten sie mich, endlich zufrieden zu sein. Wie dringend hätte ich meine Mülltonne aus Somerset West gebraucht. Aber ich vergaß unter dem Druck ganz und gar, dass es sie gab, und trug so die Gedanken weiter mit mir.

Ich verließ die Praxis und schloss die Türe hinter mir. Die Worte der Psychologin hallten noch in meinem Kopf nach: „Für eine Therapie habe ich derzeit leider keine Kapazitäten", meinte sie, „aber die Tabletten können Ihnen erst einmal helfen, das Schlimmste zu überbrücken." Das Schlimmste? War ich wirklich krank? Und falls ja, warum therapierte sie mich dann nicht? 14 Tage war es her, seit ich mich auf dem Boden der Dusche unserer WG in München wiedergefunden hatte. Kalter Schweiß war mir die Stirn und den Nacken hinuntergelaufen. Alles in mir hatte sich zugeschnürt und ich bekam kaum Luft. Der Raum hatte angefangen, sich zu drehen. Ich wollte aufstehen, aber es ging nicht. Ich war müde, so unglaublich müde! Es war Sonntag Nachmittag gewesen und der Gedanke daran, am Montag wieder zur Arbeit zu gehen, hatte mich in Panik versetzt. Pure Panik! Zwar hatte ich auch Heimweh nach Kapstadt, aber das allein konnte nicht der Grund für meinen Nervenzusammenbruch sein, oder etwa doch? Als mein Freund mich in Deutschland besucht hatte, war diese Zeit nicht so verlaufen, wie ich es erwartet hatte. Etwas schien zwischen uns zu stehen, aber er sprach es nicht an. Und weil er nichts sagte, schlussfolgerte ich, dass er mich für eine Versagerin hielt, so wie ich es selbst tat. Ich war nach Deutschland gekommen, um mit meinen Finanzen umgehen zu lernen, doch noch wusste ich nicht, wie man gut mit Geld umgeht. Dass ich bereits verheiratet gewesen war, machte ihm anscheinend auch zu schaffen – er hatte so etwas erwähnt – und ich spürte, dass ich mich verurteilt fühlte und darunter zerbrach.

Eine große Schwäche von mir war, dass ich, wenn ich mich missverstanden fühlte, aggressiv wurde. Es war eine sehr spannungsreiche Zeit. Ebenfalls wuchs mein Zweifel daran, dass beim Vertragsabschluss in meinem derzeitigen Job alles mit rechten Dingen zugegangen war. Um das Ganze zu klären, versuchte ich, erneut Kontakt mit meiner Ansprechpartnerin aufzunehmen, die mit mir das Bewerbungsinterview durchgeführt hatte, doch ich erreichte sie nicht. Die Einsamkeit, die Verzweiflung, das Gefühl, übervorteilt und fremdbestimmt zu werden, das alles entzog mir Energie. Doch noch verstand ich nicht, dass dies die Folge meiner Erlebnisse in der Vergangenheit war. Ich wurde zunehmend wütender auf mich selbst und beschimpfte mich fast täglich in Gedanken: „Ich schaffe es nicht mal, eine Arbeit durchzuziehen, wenn sie mal nicht perfekt zu mir passt. Ich kann kein geregeltes Einkommen erzielen. Ich habe einen Kredit abzubezahlen, aber stattdessen drücke mich vor der Verantwortung." Wie konnte jemand wie ich nur behaupten, Gottes Stimme zu hören!? Hörte ich sie denn auch wirklich? Ich schien ja auf sehr hohem Niveau zu leiden, immerhin hatte ich ein Dach über dem Kopf und eine Arbeitsstelle, die mein Einkommen sicherte – was erlaubte ich mir da überhaupt? Ich war ein Schmarotzer und faul, und das würde ich auch bleiben, wenn ich diese Sache hier nicht durchzog. Wenigstens einen anderen Job sollte ich mir schnell suchen, wenn ich mit meinem jetzigen nicht zufrieden wäre. Aber einfach so kündigen, ohne etwas Neues zu haben, das würde ja wohl kaum infrage kommen. So würde ich es niemals im Leben zu etwas bringen! Diese und andere Gedanken kreisten permanent in meinem Kopf und nahmen mich völlig ein.

Ich hatte versucht, mir gut zuzureden und mein Ja zu München zu finden. Ich bemühte mich auch, so sehr ich konnte, mir täglich die positiven Seiten vor Augen zu führen und dankbar zu sein. Aber die Traurigkeit und die Einsamkeit holten mich immer wieder ein. Jede Nacht hatte ich Albträume. Es waren keine Träume wie Bilder aus Horrorfilmen. Sie waren subtilerer Art:

In einem Traum sollte ich einen Flug nehmen, allerdings verpasste ich meinen Flieger, weil mir eine Frau Aufgaben über Aufgaben auferlegte, sodass ich nicht mehr klar denken konnte. Am Nachmittag bemerkte ich, dass ich zum Flughafen musste und schon viel zu spät dran war – zum Flughafen war es außerdem viel zu weit! Der Flughafen war in Düsseldorf, ich aber befand mich in München! Obwohl es unrealistisch war, wollte ich es unbedingt schaffen und eilte los. Natürlich verpasste ich den Flieger! Dann nahm ich mir vor, alte Freunde in der Nähe zum Frühstück zu besuchen. Der gedeckte Tisch war allerdings nicht mit Dingen, die man zum frühstücken benutzt, belegt, sondern überhäuft mit Katzenhaaren. Fremdbestimmung, so deutete ich den Traum, war der Killer meiner Berufung. Die Katzenhaare aber blieben mir unerklärlich. Vielleicht sollte es bedeuten, dass Enttäuschung durch Geschäftigkeit zu verdrängen, nicht schmeckt und unappetitlich ist. Ich hatte keine Ahnung. In einem anderen Traum war ich Trainee für einen sehr merkwürdigen und undefinierbaren Job. Ich brach die ganze Sache ab und ging nach Hause, wo ich zu kochen begann. Da mir eine Zutat fehlte, fragte ich meine Nachbarin, ob sie mir aushelfen könne. Sie gab mir nicht das, um was ich sie bat, sondern irgendetwas anderes, aber ich versuchte, das Beste daraus zu machen, und kochte ein herzhaftes Gericht … aus Haarfärbemitteln! Mein Flug nach Hause sollte bald abfliegen und ich hatte nicht mehr viel Zeit das Flugzeug zu erwischen, dennoch kochte ich weiter. Dann plötzlich fiel Geschirrspülmittel in meine Pfanne. Erst dann gab ich das Kochen auf. Dieser Traum erinnerte mich daran, wie wichtig es war, nicht mehr mein eigenes Süppchen zu kochen und mir nicht von Fremden etwas untermischen zu lassen, sondern Gott zu vertrauen.

AUF STÖCKELSCHUHEN

Ich holte tief Luft. Ich sehnte mich so sehr danach, „richtig" zu sein, dass ich mir nicht vorstellen konnte, weiterhin Gottes Plan zu folgen, wenn ich eine falsche Abbiegung nahm. Gleichzeitig wehrte ich mich dagegen, zu glauben, dass ein Gott, der voller Gnade ist, von mir erwartete, dass ich mir alles selbst erarbeitete. Er müsste mir doch klar und deutlich vor Augen führen, was sein Plan mit mir ist, oder? Die Wahrheit lag irgendwo dazwischen, aber ich konnte sie nicht sehen. Es war, als hätte mir eine fremde Macht ein Schwarz-weiß-Denken auferlegt, von dem ich nicht mehr loskam. Ich war unfähig, die Farben und Grautöne zu sehen, die es in dieser Welt noch gibt. Ich konnte nicht glauben, dass in dieser Welt etwas nicht nur gut oder schlecht, sondern vielleicht irgendetwas in der Mitte war – vielleicht sogar gleichzeitig gut und schlecht. Es kam mir nicht in den Sinn, dass Schmerz und Segen, Trauer und Hoffnung Teil der gleichen Geschichte, ja sogar gleichzeitig im Leben sein konnten. Und weil ich das nicht sah, ging es mir auch an einem Tag entweder sehr gut oder extrem schlecht.

In einem Moment war ich überzeugt davon, dass ich mit Geld umgehen und Disziplin lernen musste und dass dies am besten in Deutschland möglich war. Am nächsten Tag aber schien es für mich glasklar, dass ich so schnell wie möglich nach Südafrika zurückkehren musste, weil ich dort hingehörte und ich dort heilen würde. Dort hatte ich eine Gemeinde gefunden, ein Team, eine Gang, einen Schafstall, eine Familie! Dort gehörte ich hin! Die Wahrheit war, dass beides stimmte. Ich musste Disziplin lernen, egal in welcher Stadt oder in welchem Land ich war. Mit Geld umgehen zu können, ist ein biblisches Prinzip, und es war wichtig, dieses anzuwenden, um ein Segen für andere werden zu können. Egal, wo ich mich aufhielt, ich brauchte Gemeinschaft. Ja, ich liebte Südafrika und wollte dort leben, und Gott liebte es zu sehen, wie ich dort aufblühte. Aber es stimmte beides und es gab noch so viel mehr Grau und Bunt tief in mir zu entdecken – doch ich sah es nicht! Es war nicht falsch momentan in Deutschland zu sein, so wurde mir klar, dass ich Gottes Weg und seinen Willen für mich dadurch nicht „verpassen" würde.

Ich vermisste Afrika so sehr, dass ich kaum noch atmen konnte. Besonders abends fiel es mir schwer, Luft zu bekommen. Oft lag ich nachts im Dunkeln in meinem Bett stundenlang wach und starrte nur an die Zimmerdecke. Depressionen stürzten auf mich ein, bis ich nicht mehr klar denken konnte. Mein Herz tat weh, seelisch und körperlich. Die Antidepressiva, die mir die Psychologin verschrieben hatte, machten es nicht besser. Ich litt unter den Nebenwirkungen, wie zum Beispiel Schlaflosigkeit und grübelte bis spät in die Nacht. In all dem seelischen Schmerz musste es doch etwas geben, das ich tun konnte! Unabhängig von Arbeit und Beziehungen und der Entscheidung, wo ich leben wollte. Ich begann mich zu informieren. Ich las über Finanzen und über Weisheit im Umgang mit Geld. Plötzlich blieben meine Augen bei dem Satz stehen: „Wir sollen keine Schulden machen. Dazu gehören keine Schulden, die durch einen Gegenwert abgedeckt sind, z.B. Hausbau oder ein Studium." Bevor ich den Kredit aufgenommen hatte, hatte ich mir genau überlegt, ob ich das tun wollte oder nicht. Ich wusste, dass es so etwas wie gute und schlechte Schulden gab. So waren Immobilienschulden besser als ein Kredit für einen Fernseher. Bei einer Immobilie handelte es sich um eine Investition, die auf lange Sicht dazu führte, dass man Geld sparte – nämlich, wenn man selbst darin wohnte und keine Miete mehr zahlen musste – oder dass man Gewinn machte – dann nämlich, wenn man vermietet. Einen Kredit für einen Fernseher muss man jedoch auch dann noch abbezahlen, wenn er plötzlich kaputtgeht.

Der Studienkredit machte dann Sinn, wenn mir das Studium auf lange Sicht diente und ich damit Geld verdienen würde. Und natürlich hatte ich auch viele wertvolle Dinge gelernt, die ich im alltäglichen Leben anwenden konnte. Komisch! Obwohl ich gewissenhaft gehandelt hatte, machte ich mir nun Vorwürfe und hegte das betrübende Gefühl, dass ich aus dieser Sache nicht wieder rauskommen würde. Und noch viel schlimmer als der Gedanke daran, verschuldet zu sein, war der, dass ich niemandem in Südafrika dienen konnte, solange ich in Deutschland war.

In mir stieg oft eine heilige Wut auf, wenn ich

bemerkte, dass meine direkte Umgebung keine Anstalten machte, den Armen zu helfen. Für mich war seit meinem ersten Besuch in Südafrika klar gewesen, dass wir uns nicht wegdrehen dürfen, wenn wir helfen können. Ich hielt es kaum noch aus, in Gottesdiensten zu sitzen oder in der Bibel zu lesen. Ich wollte aktiv werden. Und genau deshalb hasste ich es auch so sehr, in Deutschland festzustecken. Klar, nicht alle Menschen müssen nach Afrika gehen, um zu missionieren. Aber ich liebte Südafrika und ich wollte dort helfen, wo Hilfe am nötigsten war.

Ich erinnerte mich an einen lebensverändernden Moment im Jahr 2011 bei einem Ausflug zu einer Schule im Inland der Provinz KwaZulu-Natal. Gemeinsam mit einer Sozialarbeiterin machte ich diesen Schulbesuch, um den akademischen Fortschritt eines unserer ehemaligen Straßenkinder zu dokumentieren. Es war ein besonderer Tag, weil ich mich darauf gefreut hatte, endlich das Drop-In Zentrum verlassen zu können, in dem ich lebte. Ich hatte mir sehr gewünscht, dass ich bei jenem Besuch etwas lernen würde, aber was ich erlebte, überraschte mich. Ich hörte einem langen, ernsthaften Gespräch zwischen dem Schuldirektor und der Sozialarbeiterin zu. Gemeinsam besprachen sie die einzelnen Schulfächer, Erfolge und Schwierigkeiten des Jungen. Beide kannten die familiären Verhältnisse und die aktuelle private Lage des Kindes. Sie besprachen bis ins kleinste Detail, was dem Jungen helfen und wie man die Familie unterstützen könne. Schließlich entschieden sie, dass sie die Defizite liebevoll zuzudecken und die Erfolge des Jungen gemeinsam feiern würden. Als wir nach dem Gespräch gemeinsam über das Schulgelände spazierten, fragte ich den Direktor, ob sich die Belegschaft um jedes Schulkind so kümmern würde. Er antwortete voller Stolz: „Natürlich kümmern wir uns um unsere Schüler. Sie sind die Hoffnung und die Zukunft unseres Landes. Sie werden eines Tages viel Verantwortung tragen." Er erzählte mir auch, dass es in seiner Schule keine Toiletten gab. Wie in vielen anderen ländlichen Schulen auch war dies einer der Hauptgründe für den Schulausfall für Mädchen, wenn sie in die Pubertät kamen. Die Scham, sich während der Periode nicht reinigen zu können, war der Auslöser einer langen Kette von Abhängigkeiten, die zur Armut des Landes beitrugen. Häufig wurden Mädchen in der Jugend zu Schulverweigerern und werden oft sehr jung schwanger. Als Folge der mangelnden Schulbildung erleben sie nicht selten Unterdrückung durch ihre Männer. „Wenn du nach Deutschland zurückgehst", hatte der Schulleiter mit ernstem Blick gesagt, „wirst du dann Geld sammeln können, um eine Toilette zu bauen?" „Ja", sagte ich, „das kann ich tun!" Natürlich wurde ich in den kommenden Monaten Zeugin von mehr Missständen als nur fehlenden Toiletten. Die Gründe von Armut in einem Land sind stets vielfältig. Doch in jener Zeit wurde mir klar, wie reich Deutschland war und welchen Zugriff auf Ressourcen ich dort gehabt hatte. Wenn ich doch nur stark genug aufgestellt wäre, um einen Unterschied machen zu können, dachte ich mir. Ein Bild, das mich all die Jahre begleitet hat, ist eine Vision, die Gott mir auf meinen Reisen gab. Und dieses Bild gab mir nun erneut Kraft, wieder aufzustehen und zu kämpfen: Auf einem Berg steht ein königlicher Palast. Der Sohn des Königs tritt in den königlichen Garten und sieht am Fuße des Berges weites Land. Es ist Wüstenland. Die Menschen, die dort leben, warten darauf, dass der König die Wüste in fruchtbares Land verwandelt. Der Königssohn begreift, dass er für die Hoffnung steht. Er wird zu den Menschen gehen und die Frohe Botschaft bringen: Der König ist am Werk. Das Land wird bald fruchtbar sein.

Wenige Wochen vergingen und ich war bereit gegen die Depressionen und die Einsamkeit anzugehen. Es gab eine Lösung, das wusste ich. Und ich musste mich vorwärts bewegen, um aus dem Hamsterrad zu fliehen und nicht in meinen eigenen Gedanken stecken zu bleiben. Auch ich wollte die gute Botschaft verkünden, dass Gott mich geheilt hat und mir neue Kraft gab. Wir gehören zur königlichen Familie. Jesus ist der König, und wir sind als Söhne und Töchter in Gottes Familie adoptiert worden, so steht es in Kapitel 8, Verse 14 bis 16, in dem Brief an die Römer. Das war es, was Christsein für mich bedeutete: präsent zu sein und das Wort des einflussreichen Königs zu verkünden. Hoffnung zu bringen! Allein daran zu denken, gab mir Hoffnung und Energie! Wir Kinder Gottes dürfen uns nicht, so war ich überzeugt, zu Hause verstecken. Von einem Mitglied der königlichen Familie wird viel erwartet. Von mir wurde viel erwartet! Aber das war okay! Für jemanden aus Deutschland, der aus einer demokratischen Gesellschaft kommt, ist Monarchie schwer zu verstehen. Es ist für uns nicht einfach, zu akzeptieren, dass die Kameras auf uns als königliche Familie gerichtet sind. Doch ich wollte mich auch am nächsten Morgen wieder daran erinnern, dass das meine Berufung war: Tochter Gottes zu sein und zu regieren!

Es waren keine leichten Monate. Es war nicht leicht, an meiner Vision und meinen Träumen festzuhalten. Ich wusste damals noch nichts von den Überstunden auf der Arbeit, die in meiner Zukunft lagen, oder von dem Dienst in der Gemeinde, der meine volle Aufmerksamkeit verlangen würde. Ich wusste nicht, dass meine Träume noch warten mussten. Und ich wusste auch nicht, dass Heilung auf dem Weg war. Gott wartete in der Zukunft und fragte mich dort: „Willst du noch immer große Dinge für mich tun? Was sind große Dinge, Shiloh? Nicht der ist groß, der große Dinge tut, sondern der, der treu ist. Sei einfach treu!" Ich setzte die Tabletten ab. Ich glaubte nicht an sie, denn Gott war mein Heil. Und er würde mich in meine Zukunft begleiten!

„Du bist doch heilig, du wohnst dort, wo dein Volk

Israel dir Loblieder singt."

Psalm 22,4

WUNDERBAR UMSORGT

18 412 Euro und 27 Cent! Auch das noch! War das genau die Summe, die ich innerhalb von zwei Monaten aufbringen sollte? Ich setzte mich erst einmal und dankte Gott im Voraus für das Geld, das er mir geben würde. Ich sah es als Chance, mein ganzes Vertrauen in ihn zu legen – nichts anderes würde mir übrig bleiben! Dass ich das Kleingedruckte im Bezug auf meinen Studentenkredit nicht richtig gelesen hatte, wurde mir erst bewusst, als ich den Brief der Bank in meinen Händen hielt. Trotz meines Gebets hatte ich Angst. Mein Studienkredit war nicht innerhalb von zwei Jahren zurückzuzahlen, wie ich gedacht hatte, sondern innerhalb von wenigen Wochen! Wenn ich das Geld nicht aufbringen konnte, musste ich einen weiteren Kredit mit schlechteren Konditionen aufnehmen, um

den ersten Kredit tilgen zu können. Aber das hätte eine jahrelange Bindung an die Bank und eine noch längere Rückzahlungsdauer bedeutet – und einen noch längeren Aufenthalt in Deutschland! Das war in meinem Zustand einfach nicht möglich! Ich wollte vertrauen!

Ich nahm meine Bibel und mein Blick fiel auf Hiob 12,4: „Ich bin wie einer, der zum Gespött für seine Freunde wird; dabei rief ich (einst) zu Gott und wurde von ihm erhört! Der untadelige Gerechte wird zum Gespött!" (SCH) Da ich selbst ein wenig über mich spottete, konnte ich Freunden keinen Vorwurf machen, wenn auch sie den Kopf schütteln würden.

Wie konnte ich nun überhaupt innerhalb von zwei Wochen an eine so große Summe kommen? Ich überlegte, was ich verkaufen konnte, um Einnahmen zu generieren, und stellte fest, dass ich nur wenige Sachen nach meiner Haushaltsauflösung behalten und mit nach München genommen hatte. Ich besaß ein kleines Bett, das ein Sonderangebot gewesen war, ein Regal, das gleichzeitig als Raumteiler diente, und einen kleinen Schreibtisch, den ich meistens als Schminktisch benutzte. Ich hatte nicht einmal einen Schrank – ich hängte meine Kleider auf einer Kleiderstange auf. Was hätte ich verkaufen sollen, wo ich doch lebte wie eine Studentin? Wenn ich alles weggab, würde ich nicht einmal 500 Euro einnehmen!

18 412 Euro! Wenn ich wenigstens eine Arbeit hätte, die mir Spaß macht, dachte ich. Ich hatte mich bereits nach Stellenangeboten umgesehen, es war aber nichts

Passendes dabei gewesen. Was war überhaupt passend für mich? Ich war Ingenieurin und Sozialarbeiterin, hatte ein Projektmanagement-Zertifikat, Interesse an internationaler Entwicklungszusammenarbeit und ein Herz für die Mission – und ich saß in einem Kindergarten in München fest!

Da ich die Antidepressiva abgesetzt hatte, konnte ich nachts wieder leichter einschlafen, grübelte am Abend aber trotzdem über den vergangenen Tag nach! Am meisten machten mir die widersprüchlichen Aussagen meiner Chefin zu schaffen – als hätte ich nicht schon mit meinen eigenen Emotionen zu kämpfen! Während sie mir an einem Morgen ans Herz legte, innerhalb von zwei Wochen zu kündigen, ermutigte sie mich am gleichen Tag, nachmittags zu bleiben und mein Bestes zu geben. Es war offensichtlich, dass sie mich loswerden wollte, gleichzeitig argumentierte sie jedoch, dass es den Kindern nicht guttun würde, wenn ich ging. Es habe in letzter Zeit zu viele Personalwechsel gegeben, und wenn ich nun ginge, würde das den Kindern schaden. Auf meine Frage, warum sie mich denn nicht im Büro eingearbeitet hätte, sagte sie nur: „Mach dir keine Sorgen. Ich werde nicht krank!"

Es stimmte, dass ich oft Fehler machte und unkonzentriert war. Und ja, ich war nicht die Richtige für den Job! Aber ich war darauf angewiesen, Geld zu verdienen, bis ich eine neue Stelle fand, und sie machte es mir nicht leicht, mich wohlzufühlen. Die Kinder mochten und akzeptierten mich, aber ich stand unter

KAPITEL 11

Beobachtung – und das stresste mich extrem!

Ich bekam Panikattacken. Etwas, das ich in der Art noch nie erlebt hatte! Ich hatte immer mehr Angst, zur Arbeit zu gehen, und malte mir die Szenarien aus, die folgen würden: Arbeitslos, mit einem Sack voller Schulden, geschieden, unfähig, mein Leben auf die Reihe zu kriegen, würde ich mich für immer im Kreis drehen und nichts aus meinem Leben machen.

Ein Gedanke holte mich immer und immer wieder ein: „Du kannst nichts richtig machen!" Ich hatte mich daran erinnert, dass ich als Jugendliche versucht hatte, Zuhause beim Putzen zu helfen. Ich hatte dafür, wie wohl die meisten Jugendlichen, nicht viel übrig gehabt. Aber als ich mir dann wirklich Mühe gab und meiner Mutter nach getaner Arbeit zufrieden das Ergebnis zeigte, erntete ich nur ein trauriges Gesicht ihrerseits, das ausdrückte: „Jetzt muss ich alles noch einmal putzen, denn das war nichts!" Es war nicht gut genug gewesen. Ich war nicht gut genug gewesen! Und was war jetzt, in dieser Situation? War ich überhaupt gut genug für irgendeinen Job? Die Wahrheit war, ich hatte Angst. Angst, zu versagen. Angst, nur eine unter vielen zu sein.

Meine kurzweilige Beziehung war auch dabei, zu zerbrechen. So viel stand zwischen uns: Meine Sorgen, Unsicherheiten in Bezug auf die Zukunft und meine Vergangenheit. Ich fühlte mich nicht geliebt. Wie sehr wünschte ich mir, dass mich jemand lieben und begehren und mir ein Zuhause geben würde. Ein dauerhaftes Zuhause, in dem ich bleiben konnte. Doch auch dieses Mal schien dieser Traum nicht wahr zu werden. Ich öffnete meinem Freund gegenüber mein Herz und hatte mit ihm über meine Geldsorgen gesprochen, und obwohl er mir nach etwas Zögern Unterstützung angeboten hatte, dachte ich mehr an sein Zögern als an seine Zusage. Ich fühlte mich wie eine Schmarotzerin. Ich konnte nicht glauben, dass er mir gerne helfen oder mit mir zusammen sein wollte!

Ich war müde. Sehr, sehr müde. Ich wusste nicht, wie ich dieses Leben noch gestalten sollte, was ich positiv sehen sollte. Gott war auf meiner Seite, das wusste ich. Ich hatte versucht, meine Depressionen zu verstecken. Sie kamen schleichend, brachen dann aber wie eine riesige Welle über mir ein: Die Welle der unendlichen Traurigkeit! Bald schon traute ich mich nicht mehr, aus dem Haus zu gehen, weil ich Angst hatte, dass es mir jeder ansehen würde: Ich hatte versagt! Ich ließ mich krankschreiben.

Wochen vergingen und ich wartete auf Heilung. Jeden Tag hoffte ich, dass es mir besser gehen würde, aber meine Fortschritte waren merklich klein. An einem Tag war es etwas Leichter, sodass ich meine Einkäufe erledigte oder sogar im nahe gelegenen Park spazieren ging. Ich besorgte mir einen Termin bei einem Facharzt in München, einem Burn-out-Spezialisten. Er setzte mich auf ein Spinning-Rad und führte ein Belastungs-EKG durch. Nach wenigen Minuten musste ich jedoch das Experiment abbrechen – ich war völlig erschöpft.

„Aber das ist unmöglich", entgegnete mir der Arzt,
„Ihre Herzfrequenz hat nicht einmal annähernd das
Level erreicht, was normalerweise die Erschöpfung
auslöst." Es stellte sich heraus, dass die Angst vor dem
Versagen bei diesem „Test" mein Stresslevel so in die
Höhe getrieben hatte, dass wir die Messung abbrechen
mussten. Aus den Blutwerten schlussfolgerte der Arzt,
dass ich unter einer Krankheit im Verdauungstrakt litt,
die er in direkten Zusammenhang mit meinen
Depressionen brachte. „Wenn Sie gesund werden
wollen", so sagte er mir, „müssen Sie Ihre Ernährung
radikal umstellen. Aber das wird nicht reichen! Sie
müssen unbedingt Ihren Stress reduzieren und mehr
schlafen!" „All das würde ich ja zu gerne umsetzen",
dachte ich mir. „Wenn ich nur wüsste, wie!" Manager in
hohen Positionen hatten Stress. Sie hatten jedes Recht,
an einem Burn-out zu leiden. Aber ich?

„Anscheinend ist Ihr Stress in Ihnen drin angelegt
und kommt gar nicht von außen", vermutete der Arzt.
Er riet mir zu einer Therapie. „Bei der Therapeutin war
ich schon", antwortete ich leise. „Sie hat keine Zeit für
mich." „Dann lassen Sie sich doch einfach auf eine
Warteliste setzen!", empfahl er mir und lächelte mich
ungeduldig an, als sei dies die logischste Sache der Welt.
Eine Warteliste, dachte ich, kann ich mir zeitlich nicht
leisten. Ich muss meine Schulden abbezahlen! Ich fühlte
mich handlungsunfähig, unverstanden und schrecklich
alleine, als ich die Praxis verließ.

Ich ging nach Hause und setzte mich an meinen

Computer. Überraschenderweise erhielt ich eine E-Mail von einer Freundin, von der ich schon lange nichts mehr gehört hatte. Sie erkundigte sich, wo ich gerade steckte und wie es mir ging. Wir schrieben ein wenig hin und her, und weil sie offen mit mir war und mir erzählte, wie sie sich fühlte, berichtete auch ich ihr ehrlich, was ich momentan durchmachte. Ich erzählte ihr von meinen Erfahrungen in Südafrika und meinen gescheiterten Beziehungen. Ich hielt auch nicht zurück, dass der Job in München eine Katastrophe war und ich vor einem Berg Schulden saß, während mein Gesundheitszustand sich wöchentlich verschlechterte. Ich schrieb meiner Freundin:

„Im Moment kommt irgendwie alles auf einmal. Ich bin schon wieder krank, meine Stimme ist komplett weg. Ich fühle mich schwach, mein Blutdruck ist im Keller und so ziemlich alles weist auf ein Burn-out hin. Obwohl ich mich frage: Wie kann ich ein Burn-out haben? Ich arbeite gerade mal ein paar Wochen! Aber alles ist zu viel und die letzten vier Jahre habe ich mich immer wieder mit einer Psychotherapie anfreunden wollen, aber die Wartelisten waren mir zu lang. Heute Morgen bin ich ohne Absicht in der besten Burn-out-Praxis Deutschlands gelandet und der Arzt hat mich ermutigt, nun eine Therapie zu machen.

Ich habe große Angst, es meiner Chefin zu sagen und ihr mitzuteilen, dass ich mich vielleicht für die nächsten Wochen krankschreiben lasse. Das würde auch bedeuten, dass ich im gleichen Atemzug kündige. Auf der anderen Seite habe ich dann die Zeit, mich nach etwas Neuem umzusehen.

Ich habe dann mit einem Bekannten telefoniert, der im vergangenen Jahr ein Burn-out hatte und er sagte, bei ihm war es genauso wie bei mir. Und er machte mir Mut, mich nicht zu überfordern, sondern nun zu heilen. Sein Rat tat so gut! Endlich war da jemand, der verstand, dass ich wirklich erschöpft und krank war und mir die Zeit zugestehen durfte, zu heilen. Mit den Schulden im Nacken ist das allerdings nicht so einfach und ich brauche echt ein Wunder von Gott, dass das alles einmal endet und der Druck von mir geht. (...) Alles ist komisch. Ich fühle mich, als sei ich in einer anderen Welt gefangen. Und ich frage mich oft, warum es mir in Afrika nie so schlecht geht."

Es tat gut, eine Freundin zu haben, mit der ich mich austauschen konnte. Und auch, wenn wir uns gar nicht so lange kannten, vertraute ich ihr. Wir hatten uns auf dem Sommerlager kennengelernt, auf dem wir beide mitgearbeitet hatten, und dort schnell gemerkt, dass wir in Glaubensdingen auf einer Wellenlänge waren.

In einer letzten E-Mail teilte ich meinen Wunsch, wieder nach Kapstadt zurückzugehen. Ich schrieb ihr, wie sehr ich den Lobpreis und das Dienen im Worshipteam vermisste. Mehr als jemals zuvor wurde mir bewusst, dass ich mir nichts sehnlicher wünschte, als Gott die Ehre zu geben. Seit dem ersten Anbetungsabend, den ich 2004 erlebt hatte, war es mein Traum gewesen, den Worship zu leiten. Ich liebte die freie und natürliche Anbetung am Liebsten: unplugged, nur mit Akustikgitarre und spontanen Liedern. All die Jahre hatte ich auf den Sommerlagern die nächtliche Zeit am Feuer genossen – die Momente des Gitarrenspielens und Singens. Auf Konferenzen war Worship immer mein absolutes Highlight gewesen und im Lobpreis hatte ich Heilungen und Wunder erlebt – an mir selbst und bei anderen. Wenn es einen Weg zur Heilung gab, dann war es für mich durch Lobpreis. Das wurde mir bewusst. Natürlich war es nicht an der Zeit, Worship zu leiten, aber es war notwendig, dass ich mich wieder in die Atmosphäre von Anbetung begab. Gott lebt im Lobpreis seines Volkes – so las ich es an jenem Abend in Psalm 22,4. Ich wollte Gott und ich wollte leben!

In der gleichen Nacht überkamen sie mich dann plötzlich: Selbstmordgedanken! Sie kamen ohne Vorahnung und aus heiterem Himmel. Es war nicht das erste Mal, dass ich solche Gedanken hatte. Aber es war das erste Mal, dass ich an so etwas dachte, seitdem ich Christ war. Wenn ich durch Jesus gerettet, aber trotzdem am Ende meiner Kraft war, wie sollte es dann jemals wieder bergauf gehen? Ich ahnte langsam, dass ich es alleine nicht schaffen konnte, aufzustehen. Es war klar, dass ich mir professionelle Hilfe suchen musste.

Am nächsten Tag erhielt ich wieder eine E-Mail von meiner Freundin: „Ich kann dir vielleicht 9000 Euro leihen", schrieb sie mir. Ich las den Satz noch einmal, um sicherzugehen sie nicht falsch verstanden zu haben. Sie würde mir so viel Geld anvertrauen? Obwohl wir uns kaum kannten und ich keinerlei Sicherheiten hatte? Sie wollte mir so viel Geld geben, auch wenn ich voller verrückter Ideen und gleichzeitig emotional schwer beladen war? Womit hatte ich das verdient? Ich war überwältigt von ihrer Großzügigkeit und dachte gleichzeitig wieder an das zögernde Gesicht meines Freundes zurück. Wie konnten mir zwei Menschen, zwei Christen, so unterschiedlich begegnen? Meine Freundin schrieb außerdem: „Danke Gott. Für alles, was du hast, im Hier und Jetzt. Fang an und hör nicht auf" – und: „Alle Sorgen werft auf IHN, denn ER sorgt für euch". Das hat Macht. Sag „NEIN – das ist nicht meine Sorge! Es ist Gottes Sorge!"

Jemandem, der mir so großzügig gegenübertrat, vertraute ich beinahe blind. Ihre Worte erschienen mir als ein guter Rat. Ich begann, Gott zu danken! Am gleichen Tag erreichte mich die Nachricht eines anderen Freundes: Er bot mir an, mir die noch fehlenden Euro zu geben. Ich schwebte wie auf Wolke 7 und konnte mein Glück kaum fassen. Es war zu schön, um wahr zu sein, sodass ich mich fast entschied, mich nicht zu sehr zu freuen. Aber dann erinnerte ich mich wieder an die E-Mail meiner Freundin und dankte Gott von ganzem Herzen. Es war ein absolutes Wunder! Mehrere Menschen hatten mir innerhalb weniger Wochen ihre Hilfe angeboten. Ein kleiner Funke Angst blieb jedoch, denn ich wusste noch nicht, wie ich so viel Geld jemals zurückzahlen sollte. Aber Gott, der mich sah, legte mir einen Gedanken aufs Herz: „Alles, was du anfasst, wird heile. Ich habe Großes mit dir vor und ich habe bereits Großes an dir getan!" Ich liebte diese Sätze und entschied, darauf zu vertrauen, dass ich das wirklich erleben würde.

Kurze Zeit später machte ich einen großen Vertrauensschritt: Ich kündigte! Ich kehrte zurück in die Heimat, in der ich studiert hatte, und wohnte wieder bei der Familie, die wie meine Eigene geworden war. Ich war dankbar, dass ich Menschen hatte, die mich aufnahmen, an mich glaubten und mich unterstützten. Dieses Wissen half mir sehr in dieser haltlosen Zeit, auch wenn ich an den meisten Tagen einfach nur alleine sein wollte. Meinen Abschied aus München hatte ich heimlich, schnell und leise hinter mich gebracht. Jeden Tag durchsuchte ich die Stellenanzeigen in der Hoffnung, eine Arbeitsstelle zu finden, die zu mir passte. Doch je mehr ich suchte, umso wütender wurde ich auf das System, weil ich keine Organisation und kein Unternehmen fand, für die ich arbeiten wollte. Warum musste ich für jemand anderes arbeiten gehen? Ich war wütend, weil ich ahnte, dass meine Lebensgeschichte auf der Arbeit keine Rolle spielen würde, egal welche Stelle ich annahm. Es schien, als würde es einfach keine Unternehmenskultur geben, in die ich hineinpasste. Und noch mehr störte es mich, in einer Ellenbogengesellschaft zu leben, in der sich jeder selbst am nächsten stand und Menschen sich auf

Kosten anderer durchboxten, um in gehobene Positionen zu kommen. Ich hatte kein Problem mit Arbeit an sich – Arbeit ist von Gott gewollt. Aber ich wollte mich nicht dafür verkaufen oder gar versklaven müssen. Ich wollte authentisch sein dürfen, wollte etwas lernen und einen Unterschied machen – egal, wo ich anfangen würde. Ich fand es schlimm, dass so viele Menschen einer Arbeit nachgehen müssen, die nicht ihren Fähigkeiten und Vorlieben entspricht, in einer Umgebung, die ungesund und oft sogar verlogen ist. Mir leuchtete ein, dass es ein Privileg war, die Wahl zu haben, was man mit seinem Leben machen will.

In Afrika hatte ich Kinder kennengelernt, die davon träumten, Ärzte oder Juristen zu werden, aber denen die finanziellen Mittel fehlten, zur Schule zu gehen. Kinder, die Intelligenz und den Antrieb besaßen, so etwas wirklich erreichen zu können. Kinder, von denen ich mir sicher war, dass sie es auch schaffen würden, wenn man ihnen nur eine Chance gab. Ich traf Geflüchtete, die erst einmal die Kultur und Sprache des Landes verstehen lernen mussten, bevor sie arbeiten gehen konnten. Fast nie erzählte mir ein Flüchtling, dass er in dem Bereich arbeiten konnte, in dem er ausgebildet oder studiert war. Dies waren Menschen, die nicht mehr nach Hause in ihren Alltag gehen konnten, weil es ihr Zuhause und ihren Alltag nicht mehr gab. Gott sei Dank gehörte ich nicht zu denen, die ein solches Schicksal erlitten. Ich hatte natürlich meine eigene Geschichte und meine eigenen, inneren Kämpfe, die ich nicht kleinmachen durfte. Ich ahnte auch, dass nicht äußere Umstände daran schuld waren, dass ich Schwierigkeiten hatte, eine passende Arbeit zu finden. Sondern dass ich versuchte, mich in eine Rolle zu pressen, die nicht zu mir passte. Mir war schon während meines technischen Studiums klar geworden, dass ich kein guter Arbeitnehmer werden würde. Ich war viel zu rebellisch, ein bisschen zu überheblich und vor allem kreativ, was mein Denken anging. Ich kam ans Ziel, ohne Frage. Das bewies ich mir selbst in der Zeit, in der ich für meine Diplomarbeit in einem pharmazeutischen Institut arbeitete. Mein Chef war genauso alt wie ich, und wir pflegten einen kleinen Machtkampf. Ich war neckisch und drückte meine Meinung und auch meine Missgunst klar und deutlich aus – natürlich nie ohne die christliche Höflichkeit, die ich selten ablegte. Ich wollte Jesus immer in einem guten Licht erscheinen lassen.

Aber es gefiel mir nicht, mich unterzuordnen und nach den Regeln eines anderen zu funktionieren. Ich wollte lieber die Freiheit besitzen mir meine Arbeitszeit einteilen zu können, über meine Pausen zu bestimmen und meine Vorgehensweise selbst zu planen. Ich hatte schon immer mehr das große Ganze im Blick als die Details. Ich träumte von einem Unternehmen oder einer Organisation, wo Liebe und Vision an erster Stelle standen. Wo der Einfluss, den wir hätten, nicht für die eigenen Wünsche und Machtgelüste benutzt werden würde, sondern um Menschen zu dienen und dadurch unserer Stadt und unserem Land etwas Gutes zu tun.

KAPITEL 11

Frei zu sein, das bedeutete für mich, gemeinsam mit anderen eine Kultur zu schaffen, in der man wachsen kann. In Deutschland, das fürchtete ich, würde ich das nicht finden. Ich hatte so etwas dort noch nie gesehen und erlebt.

Von Zeit zu Zeit fühlte ich mich unglaublich arm! Ich war reich gesegnet, da ich keine Mietkosten hatte. Aber da ich meine Schulden abbezahlen wollte, bewarb ich mich auf verschiedene Arbeitsstellen und wurde sogar zu Vorstellungsgesprächen eingeladen. Zum ersten Mal in meinem Leben bekam ich eine Absage, weil ich überqualifiziert war. „Was mich wundert, ist", so sagte mir ein Mann bei der Jugendhilfe während meines Vorstellungsgespräches, „dass Sie in Ihrem Alter, in dem Sie so viele Möglichkeiten haben, bei uns arbeiten wollen!" Ich hatte Möglichkeiten? Viele Möglichkeiten? Es fühlte sich eher so an, als hätte ich gar keine Auswahl. Jedenfalls nicht, solange ich Schulden hatte. Ich hatte angeblich zu viel studiert, um eine einfache Arbeit zu machen, und sollte anderen nicht den Job wegnehmen, hörte ich an einer Stelle. Ich hatte nicht an der richtigen Hochschule studiert, sagte man woanders. Ich verzweifelte immer mehr und meine Wut auf das System bestätigte sich.

Wenn ich mich arm fühlte, dann tröstete mich der Gedanke, dass den Armen das Königreich gehörte, wie es in Matthäus 5,3 geschrieben steht. Gleichzeitig war mir aber auch klar, dass ich irgendwie auf dieser Erde leben und bestehen musste. Je mehr Zeit verging, umso mehr Druck verspürte ich, etwas leisten zu wollen.

Trotz aller inneren Kämpfe und dem ausgebrannt sein, und obwohl ich damit beschäftigt war, meine Ernährung radikal umzustellen, konnte ich die Zeit in meiner alten Heimat genießen, denn ich befand mich wieder in Gemeinschaft. Und auch, wenn ich mich manchmal zwingen musste, mich unter Menschen zu begeben, so genoss ich es dennoch jedes Mal, unter Freunden zu sein. Ich hatte schon fast vergessen, was für wunderbare Menschen ich in diesem Teil von Deutschland kannte. Freunde, die mich mitunter seit 10 Jahren begleiteten. In diesem Sommer wurde ich mit Zuspruch, Liebe und Gebet gesegnet, denn ich durfte Teil des jährlichen Sommerlagers sein – selbst jetzt, wo ich selbst nicht stark war. Mein Liebestank füllte sich täglich, und ich wurde daran erinnert, was es bedeutete, Teil von Gottes Königreich zu sein: Ich ging auf in der Anbetung und genoss Gottes spürbare Gegenwart. Während der Anbetung und in Gemeinschaft konnte ich nicht nur neue Kraft tanken, ich konnte auch meinen Wunsch nach einem Ehemann und meine Sorgen um die Finanzen vergessen. Welch eine Macht dahinter steht, wenn wir Gott um etwas bitten, sah ich daran, wie sehr ich mich veränderte, als die anderen für mich beteten. Manche Tage waren zwar ein Kampf, und die Unwissenheit darüber, wie es weitergehen sollte, machte mir zu schaffen. Aber ich konnte wieder wahrnehmen, wie sehr ich mich im letzten Jahr bereits verändert hatte – seit meiner Ankunft in der Gemeinde in Somerset West und den Gebetsspaziergängen mit meiner Freundin.

Nach dem Sommerlager trafen wir uns weiterhin zu gemeinsamen Anbetungsabenden. Nachts hatte ich zwar weiterhin Albträume, am Tag jedoch litt ich immer seltener an Angstattacken. Ich sah mich trotzdem nach einer Psychotherapeutin um. Da die Wartelisten für Psychologen sehr lang waren, ging ich erst einmal zu meiner Hausärztin und teilte mein Leid mit ihr. Ihre Reaktion überraschte mich: „Sie brauchen keine Psychotherapie, sondern Afrika! Ich sehe doch, dass Sie dahin gehören!" Sie ermutigte mich, einfach noch mal zu probieren in Südafrika Fuß zu fassen und zur nächsten Gelegenheit wieder nach Kapstadt zu gehen. Ich argumentierte, dass ich kein Geld hätte – aber sie sagte nur, dass Geld auch nicht alles sei! Ich erzählte ihr, dass ich Angst davor hatte, was andere vielleicht sagen würden: Dass ich nicht wusste, was ich will, und nur auf der Flucht wäre! Sie sah mir in die Augen und kräuselte die Stirn: „Für mich sehen Sie wie jemand aus, der ganz genau weiß, was er will. Sie sind strukturiert und ganz bestimmt kein Flüchtling!"

Es war, als würde Gott sagen: Hör auf, dich zu fragen, was andere dagegen sagen könnten. Geh deinen Weg! Ich lernte in dieser Zeit, dass ich selbst bereit sein musste für meine Bestimmung. Es gab niemanden, der mir im Weg stehen würde außer mir selbst. Ich musste mich besser kennen- und mir vertrauen lernen. Es reichte nicht aus, zu beten und dann damit zu rechnen, dass sich eines Tages die Tür zum gelobten Land, in meinem Fall Südafrika, öffnen würde. Wenn ich weiterhin alleine und in Isolation blieb, würde ich die Antworten, die ich suchte, nicht finden.

In der darauffolgenden Nacht träumte ich auf einmal von Unkraut, das in meinem Ohr wuchs. Kleine Pflänzchen, die ich akzeptierte, anstatt sie auszureißen.

Ich wusste, was dieser Traum bedeutete: Dass es Zeit war, die Stimmen aus meiner Erinnerung auszureißen, die mich schlecht redeten und denen ich mehr und mehr Erlaubnis einräumte, mich klein zuhalten. Stimmen wie die, die flüsterte, dass ich eine Schmarotzerin sei!

Ein Tag nach dem Gespräch mit meiner Hausärztin fragte mich eine Freundin, was ich nun tun wollte – was ich wirklich wollte! Ich erzählte ihr von meinem Traum, in Südafrika zu leben und im Worshipteam zu dienen. „Ich könnte mir sogar vorstellen, eines Tages einen pastoralen Dienst zu übernehmen oder ein Social Business aufzubauen", erzählte ich ihr. Sie ermutigte mich dazu, an diesem Gedanken festzuhalten: „Was hältst du denn davon, daran zu arbeiten, dass dieser Traum wahr wird? Was könntest du als praktischen nächsten Schritt unternehmen?"

Ich brauchte nicht lange zu überlegen: „Meine Gemeinde in Kapstadt bietet ein einjähriges Praktikum an, ein Leiterschaftsprogramm. Daran könnte ich teilnehmen und mich im Lobpreisbereich oder für den pastoralen Dienst ausbilden lassen!" Meine Antwort überraschte mich selbst: Sie war so eindeutig, so gut strukturiert, und machte Sinn. Ich war überwältigt von der Einfachheit des nächsten Schrittes. Die einzige Frage, die mal wieder im Raum stand, war: Und wie soll ich das finanzieren? Und was war mit meinen Schulden?

Eines Tages im Herbst erhielt ich plötzlich eine Mail von meiner Freundin, die mir großzügigerweise so viel Geld geliehen hatte. Sie schrieb:

„Hey, nur ganz kurz, weil ich losmuss: Das Geld, das ich dir gegeben habe, schuldest du mir nicht. Ich habe es ins Reich Gottes gegeben. Jeder tut im Königreich das, was Gott ihm aufs Herz legt. Mir war das auf dem Herzen. Dir ist Afrika auf dem Herzen. Go."

Meine Freundin hatte mich freigesetzt! Nicht nur mit ihrem Geld, sondern auch mit ihren Worten.

„Du hast die Fülle und nicht den Mangel, denn er hat dich erwählt und zu deinem Herzen gezogen. Du darfst vor den Thron der Gnade und der Heimat treten." A.K.

Kapitel 12

DER KAMPF

Mein Kopf hämmerte und mein Mund war trocken. Ich wachte schweißgebadet auf. Was war das für ein Traum? Ich hatte von einem Kampf geträumt. In einer großen dunklen Höhle hatte ich mich hinter meinen Freunden versteckt, als ein riesiger Krieger sich in meine Richtung bewegte und seine Zähne fletschte. Es war unmöglich, dass ich diesen Kampf überleben würde. Der Krieger war mindestens fünf Mal so groß wie wir Menschen, und sein Körper war in mehrere Segmente unterteilt wie der einer Ameise. Er war glibberig und sein Blick sagte, dass er sehr gefährlich war. Ich stürmte von einem Freund zum nächsten, versteckte mich hinter ihm und rannte dann auf eine nahe gelegene Toilette, um außer Sichtweite zu sein. Überall auf dem Höhlenboden befand sich Schlamm!

Ich versuchte mich zu erinnern, wie der Kampf zu Ende ging. Ein Freund aus Deutschland hatte den großen Krieger erschlagen. Ein anderer Freund hatte nach dem Kampf gepredigt. Ich erinnerte mich nicht mehr an den Inhalt der Predigt, aber in unser Leben war Frieden eingekehrt. Eine solche Gemeinschaft wie die im Traum wünschte ich mir zurück. Vor allem jetzt! Mein Blick wanderte in Richtung Wecker. Es war kurz nach acht. Ich befand mich wieder in Kapstadt. Es war heiß in meinem Schlafzimmer. Es war Februar. Februar 2014.

Ich versuchte, meine Gedanken zu ordnen, aber es fiel mir schwer. Nicht nur, weil ich aus einem verrückten Traum aufgewacht war, sondern auch, weil ich unter Kopfschmerzen litt. Langsam aber sicher kehrte mein Erinnerungsvermögen an das Geschehene vom Vortag zurück. Ich hatte einen Autounfall gehabt.

Gemeinsam mit meiner neuen Freundin Rebecca hatte ich eine Probefahrt in meinem gerade gekauften Auto gemacht. Ich hatte in eine Einfahrt abbiegen wollen und überquerte dazu die Gegenspur, als ein Motorradfahrer zum Überholen ansetzte und kräftig beschleunigte. Der Aufprall auf der Fahrerseite war so enorm, dass der Wagen ein großes Stück vorwärts in die Zufahrt befördert wurde. Glas splitterte, die Fahrertür beulte sich nach innen und der Seitenairbag wurde ausgelöst. Er knallte auf mein Ohr und beschützte mich vor dem harten Aufprall des Motorrads. Alles, was danach passierte, war nicht mehr im Detail in meiner

DER KAMPF

Erinnerung gespeichert: Mehrere Abschleppwagen hatten sich plötzlich um uns herum versammelt. Die Fahrer hatten darauf gedrängt, ihnen den Zuschlag zum Abschleppen zu geben. Ich sah währenddessen nur das Blut des Motorradfahrers an meinem Personalausweis kleben. Zitternd schrieb der Mann meine Daten auf. Es war ein Wunder, dass er aufrecht stehen konnte und fast unversehrt war.

Dabei war das die erste Fahrt in meinem neuen Wagen! Er war noch nicht einmal auf meinen Namen umgeschrieben. Der Schock und die Schmerzen saßen tief in meinen Knochen. Ich erinnerte mich, dass Rebecca nach dem Unfall mit zu mir gekommen war, um sicherzugehen, dass sich mein Zustand nicht verschlechterte. Sie musste im Wohnzimmer auf der Couch liegen und schlafen.

Rebecca und ich waren in kürzester Zeit beste Freundinnen geworden. Bereits einige Tage vor Beginn des Leiterschaftprogramms, das ein Jahr lang dauern sollte, war ich nach Kapstadt gereist, um mich einzurichten und mir ein Auto zu kaufen. In Deutschland war ich vor meiner Abreise nicht nur von meiner Freundin mit 9 000 Euro beschenkt worden, ich hatte auch einen Spenderkreis gefunden, der mich monatlich unterstützte. Außerdem hatte mir ein Freund mehrere Tausend Euro geliehen, von denen ich mir ein Auto kaufen und sogar noch etwas auf mein Sparkonto legen konnte – doch mein Auto stand nun auf irgendeinem Abschleppplatz in Kapstadt, ohne auf meinem Namen gemeldet zu sein!

Ich wusste, dass im Neuen Testament steht: „Der Dieb kommt nur, um zu stehlen, zu schlachten und zu vernichten; ich bin gekommen, damit sie das Leben haben und es in Fülle haben." Gott verspricht uns die Fülle und Jesus hat sie für uns am Kreuz erkämpft. Aber der Feind, der Teufel, treibt sein Unwesen auf der Erde und versucht, uns das zu nehmen, das Gott für uns zum Segen vorgesehen hat. Rebecca und ich waren definitiv bestohlen worden: Um unsere Gesundheit, mein neues Auto und vermutlich auch mein Erspartes für das Praktikumsjahr in der Gemeinde in Kapstadt!

Der Endgegner in meinem Traum! Hatte er für irgendetwas gestanden, dass mit dieser Situation zu tun hatte? Es war ein krasser Einschnitt für mich, dass mein Geld anscheinend innerhalb eines Tages fast vollständig aufgebraucht war. Die monatlichen Einkünfte durch den kleinen Spenderkreis in Deutschland reichten nicht für eine Unterkunft, Essen, die Praktikumskosten sowie unerwartete Ausgaben. Deshalb hatte ich extra den Puffer auf meinem Sparkonto mitgebracht. Für mich war jede noch so kleine Summe ein absoluter Segen und ein Wunder. Ich hatte Geld niemals leichtfertig angenommen und ich sah mich in der Verantwortung, damit sorgfältig umzugehen. War dieser Unfall meine Schuld gewesen? Konnte man mir wirklich vertrauen? Der Wagen! Mein Herz wurde schwer. Ich war wütend, dass mir der Wagen „gestohlen" worden war. Er stand für ein weiteres Geschenk Gottes an mich trotz meiner

Schwäche, Arbeit zu finden und mich selbst zu versorgen. Natürlich würde ich alles tun, um ihn zu reparieren, auch wenn mein gesamtes Geld in die Reparatur fließen würde.

Doch was war die Alternative? Morgens in aller Frühe aufzustehen, um dann mit einem Minibustaxi oder dem Bus durch die halbe Stadt zur Gemeinde zu fahren? Das hatte ich schon einmal ausprobiert. Der Bus kam oft unpünktlich oder gar nicht. Minibustaxen gab es viele und sie fuhren in alle Himmelsrichtungen, aber war das wirklich eine Option? Am Hauptbahnhof war ein großer Umschlagplatz, an dem die Toyota-Kleinbusse aufgereiht warteten, bis alle Sitzplätze gefüllt waren. Die Fahrtkosten beliefen sich auf umgerechnet nur 0,80 Euro für eine Strecke von ungefähr 12 km. Wollte man unterwegs aussteigen, musste man dem Fahrer einfach zurufen, dass er anhalten sollte. In jedem Minibus gab es einen Beifahrer, der für das Einsammeln von neuen Passagieren verantwortlich war. Er hielt Ausschau nach Passanten, die an den Straßen entlang liefen, bis sie ein Taxi finden würden, das in ihre Richtung fuhr. So war die Stadt übersät mit hupenden Kleinbussen, zum Teil mit großen Musikanlagen ausgestattet, aus denen laut Hip Hop und R&B schallte. Es war auch nicht ungewöhnlich, dass der Fahrer einen Fahrgast auf halber Strecke aus dem Bus scheuchte mit der Erklärung, dass ein anderes Taxi ihn einsammeln und ans Ziel bringen würde. Man musste also starke Nerven mitbringen, um diese Sammeltaxen als eine gute Alternative zum Autofahren anzusehen.

Ich hatte auch schon erlebt, wie Minibustaxen von der Straße abkamen. Erst kürzlich musste ich mitansehen, wie eines von ihnen ins Schleudern geraten war und auf dem Dach liegen blieb. Der Gedanke, dass ich mich diesem Risiko aussetzte, war mir eindeutig zu abenteuerlich. Für mein Praktikum in der Kirche musste ich außerdem jeden Morgen pünktlich sein – etwas, das mit dem Bus oder Minibus nicht garantiert war.

Ich seufzte laut. „Und wie ich nun noch monatlich genug Geld zum Leben aufbringen soll, ist auch noch eine Frage!", dachte ich. Ich hatte mit großer Wahrscheinlichkeit eine Gehirnerschütterung, aber da ich nicht genug Geld für einen Krankenhausbesuch hatte, konnte mir das nicht bestätigt werden. Ich lag im Bett und hoffte darauf, dass die Welt aufhören würde, sich zu drehen, die Schmerzen nachließen, das Übergeben endete und die Flashbacks sich milderten. Ich betete, dass Gott mir diejenigen zeigen würde, die mich in meiner Schwäche tragen würden. Menschen, denen ich vertrauen konnte. So hatte ich mir meinen Start in das „Jahr meines Lebens" nicht vorgestellt.

Ich war in der Einliegerwohnung bei einer Bekannten eines Freundes untergekommen, musste aber bald eine dauerhafte Unterkunft finden, und das machte mir in meiner jetzigen Situation große Sorgen. Ich merkte, dass ich wieder einmal am Limit lebte. Ich hatte meine eigenen Grenzen erreicht, weil ich keinen Puffer eingeplant hatte – jedenfalls nicht genug für ein Jahr, in dem manche ungeahnten Dinge passieren konnten. Meine Art zu leben nervte mich so sehr, dass ich mich verändern wollte! Eine Freundin in Deutschland hatte vor meiner Abreise für mich gebetet und den Fluch des Mangels über meinem Leben gebrochen. Das war es, woran ich jetzt festhalten wollte. Gott war mein Versorger, und ich liebte es, von ihm abhängig zu sein. Er hatte mir neue Zusagen gegeben. Er hatte mich ermutigt, mein Denken über Geld zu ändern, mein Armutsdenken abzulegen und mich nach mehr auszustrecken. Und ich wusste, dass das bedeutete, dass ich meine Vorstellungen radikal erneuern musste. „If it's God's will, then it's his bill!", hatte eine Freundin mich ermutigt. „Wenn es Gottes Wille ist, dann wird er auch die Rechnung übernehmen!" Dieser Satz ermutigte mich total, denn er erinnerte mich daran, dass Gott seine Kinder versorgt. Aber ich ahnte auch, dass er mir etwas Praktisches beibringen wollte. Ich brauchte Struktur!

Ich war nach Kapstadt gekommen, weil ich in einer Umgebung sein wollte, in der ich sicher war. Hier wollte ich dienen und wachsen und Gott beweisen, dass ich ab jetzt eine verantwortungsbewusste Tochter war. Ich wollte ihm zeigen, dass ich gute Entscheidungen treffen konnte und in der Lage war, für mich selbst zu sorgen. Aber ich bemerkte nicht, dass all diese Gedanken die des kleinen Mädchens waren, das ich einst gewesen war.

KAPITEL 12

Wie sehr hatte ich mich danach gesehnt, meinem irdischen Vater zu gefallen. Zu oft hatte ich das Gefühl gehabt, nicht zu genügen. Ich war nicht klug und fleißig genug, nicht schön und nicht brav genug. Mein inneres Kind sehnte sich noch immer nach dem Lob und Zuspruch seines Vaters. All meine Gefühle gegenüber meiner irdischen Familie hatte ich auf Gott übertragen und mir vorgenommen, alles wiedergutzumachen, was ich in den letzten Jahren verbockt hatte. Ich sehnte mich so sehr nach Wiederherstellung, Zugehörigkeit und einem Zuhause! Vor allem aber wollte ich die Annahme durch meinen himmlischen Vater. Nach allem, was geschehen war, wollte ich einfach nur umkehren und wissen, dass ich geliebt war. Ich fühlte mich, als hätte ich Schande über meine himmlische Familie und den Ruf meines himmlischen Vaters gebracht, so wie ich auch oft geglaubt hatte, Schande über meine irdische Familie gebracht zu haben. Ich schämte mich! Ich wollte nicht mehr trinken, keine voreiligen Beziehungen mehr eingehen und nicht mehr rauchen. Das musste sich endgültig ändern!

Ich war es so sehr gewohnt, zu kämpfen und zu fallen, wieder aufzustehen und weiter zu kämpfen, dass es mir schwerfiel, zur Ruhe zu kommen. Wie wenige Jahre des Friedens ich doch erlebt hatte! Aber noch schlimmer war, dass ich mich in einen Teufelskreis begeben hatte. Dieser wiederholte sich nach jedem einzelnen Kampf: Ich hatte mir angewöhnt, zu betteln. Das war so etwas wie meine Strategie geworden. Wann immer jemand mir einen vernichtenden Schlag gegeben hatte, war ich aufgestanden und hatte gebettelt, mich nicht zu vernichten. Mich wieder anzunehmen. Mich noch einmal zu lieben. Mich nicht im Stich zu lassen. Wenn ich nicht bekam, was ich brauchte, schlich ich zu anderen Menschen und bettelte dort. Und wenn ich nun gerade ganz ehrlich zu mir selbst war, hatte ich mein gesamtes Leben lang bei Männern nach Aufmerksamkeit, Zeit, Verbundenheit, Hilfe oder Geld gebettelt. Wie der Sohn, der in der Geschichte des verlorenen Sohnes, zum Vater zurückkehrt und dieser ihm ein großes Fest bereitete, so wünschte ich mir einen solchen Empfang für mich!

Ich rollte mich aus dem Bett, und schlich in Richtung Wohnzimmer. Ob Rebecca schon wach war? Ich war überrascht, als ich leises Geschirrklappern aus der Wohnküche vernahm. Sie stand an der Spüle, ihre Kopfhörer im Ohr und tappte mit dem Fuß zum Rhythmus von Musik, während sie das Geschirr vom Vorabend spülte. Ich musste lächeln. Was für eine zauberhafte, sanfte Person sie war. In den wenigen Tagen, in denen ich sie kannte, hatte ich sie sofort lieben gelernt. Sie war zierlich und hatte lange blonde Haare, sodass man annehmen konnte, dass sie eine schüchterne Frau sei. Aber ihre Persönlichkeit war stark und ihr Humor war einzigartig – sie wusste, wer sie in Gott war! Es fühlte sich gut an, dass sie da war. Und ein bisschen hegte ich die Vorahnung, dass sie nicht so schnell wieder aus meinem Leben verschwinden würde. Ich schlich mich ins Bad, um mich frisch zu machen. Doch als mich ein plötzlicher Schwindel überkam, entschied ich mich, mich zurück ins Bett zu legen. Es war noch nicht an der Zeit, weiter zu kämpfen. Und zum ersten Mal in meinem Leben fand ich, dass das so okay war.

Ich kuschelte mich unter mein Laken und sah aus dem Dachfenster. Die Sonne schien wie fast täglich in Kapstadt. Man sagte, dass hier, im Südwesten des Landes, alle vier Jahreszeiten an einem Tag stattfinden konnten. Aber jetzt war Hochsommer und somit keine Regenzeit. Nur der Kap-Doktor war wieder unterwegs – der starke Südostwind, der den Staub und die Abgase über der Stadt wegwehte und klare Sicht brachte. Ich schloss die Augen. Der Kampf war für einen kurzen Augenblick vorbei.

Mein Jahr 2014 sollte dafür stehen, ganz gesund zu werden und den Schmerz aus meinem Herzen herauszuoperieren, der zu lange in mir gelebt hatte. Ich hatte vor, das Unkraut herauszureißen, das sich in dem Garten meiner Seele, ausgebreitet hatte. Aus einem verletzten Mädchen sollte eine mutige und starke Frau werden, wenn ich Gott nur ließ. Ich hatte keine Ahnung, wie das geschehen sollte. Ich wusste nur, dass ich dafür wieder in Gemeinschaft treten musste. Das Leiterschaftsprogramm der Gemeinde, das sowohl aus praktischer Arbeit als auch einem Bibelstudium bestand, hatte im Februar begonnen und sollte bis Dezember gehen. Der Bewerbungsprozess war spannend gewesen. Er hatte aus einem Fragebogen, in dem mir auch Fragen zu meinen Schwächen gestellt wurden, und einem Interview bestanden. Ich wollte mich nicht gleich disqualifizieren, aber gleichzeitig nicht lügen. Also schrieb ich ganz offen über meine Herausforderungen in den letzten Jahren, ohne zu sehr ins Detail zu gehen. Ich hatte außerdem angeben müssen, in welchem Bereich ich dienen wollte. Die Gemeinde war groß, sodass sie in viele unterschiedliche Departments eingeteilt war. In diesen Bereichen wurden die Gottesdienste, Veranstaltungen und Kurse organisiert – fast, wie man es in einem wirtschaftlichen Unternehmen erwartet. Und obwohl mir klar gewesen war, dass ich im Lobpreisbereich dienen und lernen wollte, war ich unsicher, ob ich mich wirklich darauf bewerben sollte. War ich überhaupt gut genug? Außerdem gab es so viele interessante Teams, in denen ich mich sehen konnte. Da war der soziale Bereich, in dem die Menschen in die Armutsviertel der Stadt gingen und der benachteiligten Bevölkerung durch verschiedene Programme ganz praktisch halfen. Dann gab es das pastorale Team, das sich um die gebrochenen Herzen kümmerte: Um die Geschiedenen und die Einsamen und diejenigen, die ihren Wert noch nicht kannten. Es gab die kreativen Bereiche, in denen das Bühnen- und Foyerdesign gestaltet, Flyer und der Onlineauftritt der Kirche erstellt, Musik gemacht und

Videos gedreht wurden. Außerdem noch Jugend-, Kinder-, Studentenarbeit und einiges mehr. Darüber hinaus unterstützte das Eventsteam alle diese Teams und behielt die Übersicht über die Fortschritte in allen Bereichen. Mir vorzustellen, wie die Mitarbeit für fast ein Jahr aussehen konnte, fiel mir unglaublich schwer. Da man seine Top drei auswählen sollte, entschied ich mich für Bewerbungen in den Bereichen Worship, Pastorales und Events. Worship, das wusste ich, war Teil meines Lebens und auch meiner Berufung. Pastoral Care, so hieß der pastorale Dienst, hatte ich gewählt, weil ich mich um andere Menschen kümmern, mit ihnen beten und für sie da sein wollte. Events hatte ich hinzugefügt, weil ich wusste, dass ich gut darin war, die Übersicht zu behalten, und bestimmt eine Menge Power in das Team bringen konnte. Ich hatte außerdem Lust, etwas Frisches und Unbekanntes zu erleben, auch das war einer der Gründe für die Wahl des Event-Teams gewesen. Aber ich erinnerte mich an die Antwort, die ich meiner Freundin in Deutschland gegeben hatte, die mich nach meinem nächsten praktischen Schritt fragte: „Ich könnte mich im Lobpreisbereich oder für den pastoralen Dienst ausbilden lassen!" Und dabei blieb ich. Das war meine erste Wahl!

Umso intensiver war mein erstes Kennenlernen mit Rebecca gewesen: Sie verriet mir völlig unabsichtlich innerhalb weniger Sekunden, wie mein Jahr tatsächlich aussehen würde.

DER KAMPF

Nach meiner Ankunft in Kapstadt war ich erst einmal in die Gemeinde gefahren, um eine Freundin zu treffen. Aber als ich dort eintraf, hatte diese spontan etwas zu erledigen. Ich entschied, durch das große halbrunde Gebäude zu schlendern, das für mich etwas Majestätisches hatte. Das Foyer war riesig und das Treppenhaus ähnelte dem eines Palastes. Die Vorderseite der Kirche war außerdem komplett verglast, sodass das ganze Haus schön hell und einladend war. Im Café im Erdgeschoß saßen Menschen für Meetings zusammen und aus den Lautsprechern tönte leise Lobpreismusik. Ich war zuhause! Da ich mir noch nicht sicher war, was ich mit meiner verbleibenden Zeit machen sollte, bis meine Freundin von ihren Erledigungen zurückkehrte, stieg ich die Stufen bis in die dritte Etage hinauf, wo sich ein großer offener Bereich befand, in dem regelmäßig Kurse stattfanden. Ich bewunderte, wie herrlich aufgeräumt dieser Ort war. Nichts stand herum. Stühle waren an einer Wand gestapelt und fest eingebaute Sitzecken befanden sich auf der anderen Seite. Sonst gab es hier oben an diesem Tag nichts zu entdecken. Ich durchquerte den offenen Bereich und ging weiter in Richtung Toilette, die sich am Ende eines Gangs mit Büros befand.

Auf halbem Weg stolperte eine zierliche Person mit lautem Lachen aus einem der Büros heraus und rannte mich dabei fast um. Als sie bemerkte, dass ich sie entsetzt ansah, lachte sie noch mehr und stützte ihre Arme auf ihren Oberschenkeln ab. Dabei ging sie ein bisschen in die Knie, um besseren Halt zu haben. „Sorry!", kicherte sie. „Ich bin Rebecca!" Ich stellte mich vor: „Hi, ich bin Yvonne!" Sie machte große Augen. „Ah cool! Wir sind zusammen im Eventsteam!" Waren wir das? Oh! Sie bemerkte meine Überraschung. „Oh nein, das hätte ich dir gar nicht sagen dürfen!" Sie lachte wieder laut auf: „Tu einfach so, als hätte ich nichts verraten!" Ja klar – wie sollte ich das denn bitte machen?! Ich versuchte, meine Enttäuschung zu verbergen. Also machte ich keinen Lobpreis dieses Jahr! Und pastoral war Events auch nicht gerade. Aber diese Rebecca schien nett zu sein. Wir würden bestimmt eine Menge Spaß zusammen haben.

Eine Freundin aus der Gemeinde hatte mir wenig später erklärt, dass das Eventsteam sehr hart arbeitet. „Vielleicht härter, als jedes andere Team!", sagte sie. „Das sind diejenigen, die am wenigsten gesehen werden und deshalb am wenigsten Applaus ernten." Das hatte sich für mich herausfordernd und zugleich ein wenig abschreckend angehört. Ich hoffte aber, dass ich einfach zusätzlich die Zeit finden würde, Musik zu machen, um im Lobpreisteam zu dienen.

Ich musste eingeschlafen sein, denn als ich das nächste Mal auf den Wecker sah, war es bereits halb 12 Uhr mittags. Diesmal hatte ich nichts geträumt, aber ich dachte gleich zurück an meinen Traum mit dem Kampf und dem Krieger.

Ich war dankbar für das, was meine Freunde in

Deutschland über mir ausgesprochen hatten. Die Dinge, mit denen sie mich in einer gemeinsamen Gebetszeit segneten und an die ich mich jetzt zurückerinnerte, da sie Teil meines Traums gewesen waren:

In diesem Jahr würde ich die Früchte dessen sehen, was ich mit Gott gemeinsam in den letzten Jahren gesät hatte. Ich würde Finanzen haben und die Armut, die in diesem Land herrschte, würde mich nicht betreffen. Ich würde Menschen helfen, mit ihren Emotionen umzugehen, weil ich begann, auch meine Emotionen besser zu kontrollieren. Ich war damit gesegnet worden, dass ich immer wissen würde, wann ich Hilfe annehmen sollte. Und dass ich mir keine Autorität erkämpfen müsste, sondern sie einfach haben würde. Dass ich tiefe Beziehungen bauen würde. Ein Freund sagte, mir würde wie David im Alten Testament alles gelingen, was ich anfasste. Ich würde den Schlüssel finden, um das Potenzial von Leuten aufzuschließen. Ich würde außerdem nicht nur „wohnen", sondern mich richtig zuhause fühlen. Dinge, die in der Vergangenheit über mir ausgesprochen worden waren und die mich ins Zweifeln brachten, sollten wie in eine Wolke weggehoben werden und würden keinen Einfluss mehr auf mich haben. Ob das wirklich alles eintreffen würde?

Auch meine geistlichen Eltern hatten für mich gebetet und mich gesegnet: „Du hast die Fülle und nicht den Mangel, denn er hat dich erwählt und zu seinem Herzen gezogen. Du darfst vor den Thron der

Gnade und der Heimat treten. Du wirst vollmächtig leiten und die Freude des Evangeliums teilen, durch alle Widerstände ist Gott da und erfüllt seine Verheißungen, wenn auch nicht alle deine eigenen Wünsche. Du bist wunderbar gemacht, geliebt und durch Jesu Tod und den Heiligen Geist, den er in dein Herz gibt, beschenkt."

Menschen glaubten an mich, und vor allem, das war mir noch viel wichtiger, glaubten sie daran, dass Gott Veränderung in mein Leben bringen würde. Ihre Gebete waren für mich unglaublich bedeutungsvoll. Ich spürte Kraft und Autorität, wenn sie beteten. Sie hatten Glauben aufgebracht, als ich kaum noch Glauben hatte – als ich müde und erschöpft und nicht einmal sicher war, ob es eine gute Idee war, noch einmal nach Südafrika zu gehen. Aber von genau diesen Menschen hatte ich Jahre zuvor Beten gelernt. Sie wussten, wie man in schwierigen Situationen betet und Glauben in dem Herzen der anderen freisetzt.

In unserer Jugendarbeit, die überregional und überkonfessionell war, hatten wir uns immer auch derjenigen angenommen, die Herausforderungen besonderer Art hatten. Damals luden wir Flüchtlinge und Kinder aus Langzeit-Hartz-IV-Familien in unsere Mitte ein, denen man ansah, dass die Eltern mit ihren Umständen zu kämpfen hatten. Diese jungen Menschen waren teilweise apathisch, manche waren gewalttätig. Ich erinnerte mich daran, wie wir auf den Sommerlagern für sie mehrmals täglich im Gebet gekämpft hatten. Wir beteten in der Gruppe, führten aber auch Einzelgespräche. Wir hörten zu, leiteten sie in ihrer Stillen Zeit an, gaben ihnen Gelegenheit, sich auszutoben und Neues zu erlernen und ermutigten sie darin. Wir gaben ihnen Ehre. Wir sprachen Gutes über ihnen aus und segneten sie. Und ich sah die Veränderung in diesen Kindern und Jugendlichen Jahr für Jahr. Ich hatte gesehen, wie Depressionen gingen und Hoffnung aufstieg. Ich sah, wie Aggressionen wichen und Verletzlichkeit zu Stärke wurde. Ich erlebte, wie Egoismus und Schmerz umgewandelt wurden in Nächstenliebe. Wie Kinder begannen, sich selbst besser zu verstehen und Gott als Vater kennenzulernen. All diese Wunder hatte Gott Jahr für Jahr in unserer Gemeinschaft gewirkt, und wenn diese Menschen beteten, dann vertraute ich ihnen. Ich wollte heil werden. Ich wolle mich nicht mehr um mich drehen. Ich wollte wieder lieben!

Durch den schmalen Schlitz der Schlafzimmertür zog Essensgeruch. Erst jetzt bemerkte ich, wie hungrig ich eigentlich war. Rebecca bereitete anscheinend das Mittagessen vor. Ich wollte zu ihr gehen, um herauszufinden, wie ich ihr helfen konnte, aber meine Beine waren so schwer, dass ich mich entschied, doch noch etwas liegen zu bleiben. Nur ein kleines bisschen noch, sagte ich mir. Nur so lange wie nötig.

Noch einmal fragte ich mich, wofür der Kampf in meinem Traum gestanden haben könnte. Besonders interessierte mich, wer der Krieger gewesen war, der wie ein großer Endgegner gewirkt hatte.

In mir kämpfte die Vergangenheit gegen die Gegenwart – das war klar. Die Angst, dass nichts gut werden würde, wenn ich es nicht selbst in Ordnung brachte, kam wieder hoch. Es ging hierbei um Kontrolle. War ich bereit, die Kontrolle wieder an Gott abzugeben? Es fühlte sich sowieso an, als hätte ich sie schon verloren. Warum sollte ich also nicht mein ganzes Vertrauen in Gott setzen? Ich hatte keine Unterkunft, in der ich dauerhaft bleiben konnte, meine Finanzen bröckelten und das Praktikum begann genau diese Woche – ohne mich! In mir kam eine unfreundliche Stimme hoch: „Dein Vertrauen in den Herrn, dass er schon alles richten wird, das ist doch nur ein Ausdruck deiner Faulheit. Mach doch auch mal was selbst!" War das Faulheit? Dem Herrn zu vertrauen? Auf einmal bekam ich Angst, als ich bemerkte, wie schwer es mir fiel, klar zu denken. Was stimmte denn nun? Was war die Wahrheit? Ich entschied, jemanden nach Rat zu fragen, der klarer denken konnte als ich. Entweder wurde das verletzte Mädchen in mir wieder laut oder ich hatte einfach eine sehr starke Gehirnerschütterung. Ich beschloss, in den nächsten Tagen eine ältere Frau in der Gemeinde in Deutschland anzurufen. Jetzt aber sollte ich mich erst einmal stärken!

„Was soll ich tun?", fragte ich meine Ratgeberin ein paar Tage später. Es ging mir bereits körperlich besser, aber die Panikattacken, die ich von meinem Burn-out aus Deutschland kannte, waren zurückgekommen. Ihre Antwort war sehr kurz und klar: Sie riet mir, mich unter Leiterschaft zu begeben! Sie erklärte mir, dass es wichtig war, einen geistlichen Schutz zu haben. Und dass dieser Schutz durch meine Leitung in der Gemeinde gewährleistet würde. Ich vertraute ihren Worten deshalb, weil sie in ihrem Leben schon sehr beeindruckenden Persönlichkeiten gedient hatte und sie zudem ein Herz aus reinem Gold besaß. Das Einzige, was für mich noch nicht eindeutig war, war die Antwort auf die Frage, wer meine geistliche Leitung war. In Deutschland hätte ich das gewusst, aber hier in Kapstadt in einer so großen Gemeinde?! Das Praktikum hatte gerade erst ohne mich begonnen und ich kannte die Strukturen nicht. Was sollte ich in meinem Zustand nun tun?

So sehr ich mich danach sehnte, dass dieser innere Kampf in mir endlich ein Ende finden würde, erkannte ich auch, dass er dies nicht tun würde, solange ich mich nicht entschied, wem ich dienen wollte: Den Ängsten meiner Vergangenheit oder dem Herrn meiner Gegenwart! Da waren auch die Ängste meiner Großeltern und Eltern, die sie teilweise an mich weitergegeben hatten. Vertraute ich ihnen oder den Worten des Heiligen Geistes, der versuchte, mich zu ermutigen und neu auszurichten? Mit einem Mal wurde mir klar, wer der riesige hässliche Kämpfer aus meinem Traum war: Er war meine eigene Kontrolle!

Nur, wenn ich mein ganzes Vertrauen auf den Herrn setzen würde, würde dieser Kampf zu Ende sein. Ich hatte mich im Traum hinter meinen Freunden versteckt, weil sie für mich gebetet hatten im wahren Leben. Ihre Gebete hatten Autorität gehabt, und mein Freund hatte den Krieger mit der Waffe des Gebets erschlagen. Auch, wenn die Unterstützung meiner Freunde wichtig gewesen war, so musste ich nun selbst wieder aufstehen und lernen, zu kämpfen. Ich musste mich wieder darin üben, zu beten!

Mein halbes Leben lang hatte ich versucht, die Kontrolle zu bewahren. Das Bestreben, alles zu kontrollieren, wurde zu meiner Sicherheit. Aber es war gleichzeitig zu meinem Gefängnis geworden, denn damit lag auch alles, was geschah, in meiner eigenen Verantwortung. Und so viel Verantwortung, das verstand ich, kann niemand tragen!

Und die Predigt in meinem Traum? Durch sie waren wir alle neu gestärkt worden. Vielleicht stand die Predigt für die Gottesdienste in der Gemeinde. Wenn ich das Wort hörte, so hatte ich es gelernt, würde mein Glauben wachsen. Es war an der Zeit, in das einzutreten, für das ich gekommen war: von Leitern Leiterschaft zu erlernen. Ich freute mich darauf, ein ganzes Jahr lang fest täglich in das Gemeindeleben in Kapstadt eingebunden zu sein.

Da es mir besser ging, entschied ich, dass es an der Zeit war, wieder am normalen Leben teilzunehmen. Ich beschloss, erst einmal einzukaufen. Ich betrat das

DER KAMPF

Einkaufszentrum und suchte gerade nach dem Wegweiser zum nächsten Supermarkt, als ich ihn plötzlich sah. Zuerst dachte ich, ich hätte es mir eingebildet. Doch ich wagte einen zweiten Blick: Vor mir stand mein Vergewaltiger.

„So hatte der Herr nun alle seine Zusagen erfüllt;
nichts war ausgeblieben von all dem Guten, das er
seinem Volk Israel versprochen hatte. Es war alles
eingetroffen."

Josua 21,45 (GNB)

Kapitel 13

ZUR FREIHEIT BERUFEN

Er lief nur wenige Meter von mir entfernt. In mir regte sich großer Ekel und ich spürte, wie sich mein Mageninhalt den Weg hinauf durch meine Speiseröhre bahnte. Da war auch dieses Gefühl wieder: Jemand stahl mir meine Würde. Ich drehte mich um und rannte los. Ich rannte, bis ich an eine Bushaltestelle kam. Und dann weiter bis zur nächsten Haltestelle, um noch mehr Abstand zu gewinnen. Ich sprang in den Bus und fand einen Sitzplatz in der Nähe der Tür.

Zum ersten Mal in meinem Leben verspürte ich nicht den spontanen Drang, mich mit einem Mann versöhnen zu wollen. Jahre zuvor hatte ich den weiten Weg nach Wilderness auf mich genommen, nur um auf einen total bekifften Typen zu stoßen, mit dem man nicht reden konnte. Was war ich mir Wert gewesen? Gar nichts! Ich wurde so wütend, wenn ich an Wilderness zurückdachte. Ich hatte damals im Café mehrere Anläufe gestartet, ihn auf seine Vergangenheit anzusprechen, weil ich einen Aufhänger suchte, mit ihm über Jesus zu reden und Vergebung auszusprechen. Aber ich hatte mich damit nur zum Affen gemacht. Er hatte mir mit seinem Verhalten jede Chance auf Vergebung genommen und ich hatte, wieder einmal auf die harte Tour lernen müssen, dass Versöhnung nicht immer möglich war. Jedenfalls nicht auf die Art und Weise, wie ich es mir erhoffte.

Und jetzt besaß er die Frechheit, in „meine" Stadt zu kommen! Ich fühlte mich, als schrie er mir ins Gesicht: „Ich bin frei, zu tun und zu lassen, was ich will! Was kostet die Welt? Dies ist mein Leben und ich lebe, wie es mir gefällt! Komm damit klar!" Natürlich wusste er nicht, dass ich in der Stadt war. Er war nicht wegen mir gekommen und er hatte mir auch nichts zu sagen. Aber in meinem Herzen tobte ein Sturm.

In meiner Unterkunft angekommen, ließ ich mich in einen der beiden bequemen Ohrensessel fallen. Ich atmete tief durch.

Die Jahre nach der Vergewaltigung hatte ich mich immer wieder gefragt, ob das alles meine Schuld gewesen war. Ich hatte nicht ertragen können, dass ich so bedeutungslos für jemanden war. Dass jemand meine Grenzen derart hatte übertreten können, ohne ein schlechtes Gewissen. Es war für mich unvorstellbar, dass Menschen zu so etwas fähig sind. Mein Herz wollte rationalisieren, der Sache einen Stellenwert beimessen. Aber es gab keinen Sinn und keine Bedeutung, außer dass mich jemand benutzt hatte.

Kurz vor meiner Abreise aus Deutschland hatte ich einen für mich sehr wichtigen Schritt getan: Ich hatte die Entscheidung getroffen, mich endlich nicht mehr von Männern abhängig zu machen. Meine geistliche Mutter hatte mir einmal gesagt, ich müsse dringend lernen, alleine leben zu können. Wie recht sie damit hatte! Aber wie einsam ich doch gleichzeitig gewesen war! Obwohl ich wenig Kontakt mit meinem Ex-Mann hatte, überkam mich manchmal der Wunsch, mit ihm zu reden. Wenn ich ihn dann anrief, fühlte ich mich wieder wie ein Bettler, der um Liebe bettelte. Genauso war es auch in den anderen Beziehungen gewesen. Meiner Meinung nach hieß das Ende einer nicht kompatiblen Verbindung nicht, dass man den anderen nicht als Person wertschätzte. Es bedeutete einfach nur, dass es nicht passte. Und deshalb stand ich immer zwischen den Stühlen: Eine Freundschaft wollte ich nicht, weil dies mir keinen frischen Neustart erlaubte. Aber ohne eine Aussöhnung wollte ich auch nicht leben. Doch nach meiner Scheidung und sogar später noch mehrere Male lernte ich, dass Versöhnung nicht immer möglich ist – nicht einmal unter Christen. Im November beendete ich den Kontakt zu meinem Ex-Mann, was ein riesiger Schritt für mich war. Ich hinterließ ihm eine Nachricht über meine Entscheidung und löschte danach seine Telefonnummern.

Das Loslassen gab mir eine neue Form von Freiheit: Ich fühlte mich endlich wieder selbstbestimmt und ein stückweit bekam ich meine Würde zurück. Natürlich gab es da noch eine Reihe an weiteren ungelösten Beziehungen, aber ich entschied, das Thema für mich persönlich zu beenden. Ich hatte einen Brief an all die Menschen geschrieben, von denen ich glaubte, mit ihnen in Unfrieden zu leben. In diesem Brief verabschiedete ich mich von ihnen sowie den unsichtbaren Bindungen, die es noch zwischen uns gab. Und auch, wenn ich den Brief nie abschickte, war das ein erster wichtiger Schritt in ein Leben in der Gegenwart gewesen. Es war, als hätte die Entscheidung, mich nicht mehr fremdbestimmen zu lassen, etwas in mir freigesetzt, das in mir weitere Dinge ins Rollen brachte.

Jetzt war es Anfang 2014 und Zeit für einen Neuanfang in meinem Herzen. Besonders hilfreich empfand ich dabei, dass das Programm in der Gemeinde vorsah, während des Praktikums keine neue Beziehung einzugehen. Ein Jahr lang ohne Freund! Das war etwas Besonderes für mich! Ein ganzes Jahr lang sollte und wollte ich mich allein auf meine Beziehung mit Gott konzentrieren. Für mich war das das „Sicherheitsgerüst", das ich brauchte. Eine Regel, die mir half, mich ganz auf meine Heilung zu auszurichten. Ich war müde von all den ungelösten Fragen in meinem Herzen und den immer wiederkehrenden Zweifeln, die ich versuchte alleine zu lösen. Es musste sich etwas ändern.

Wenige Tage später, nach der Begegnung im Einkaufszentrum, nahm ich all meinen Mut zusammen und teilte das Erlebte mit meiner Kleingruppe in der Kirche. Ich bat die anderen um Gebet. Meine Pastorin hörte davon und bot mir an, mich einer Seelsorgerin vorzustellen. Ich war dankbar, dass es jemanden gab, der mir helfen wollte. Zur gleichen Zeit meldete ich mich für zwei Seminare an: Das eine sollte mir helfen, meinen Wert als Frau kennenzulernen, und das andere war speziell für Geschiedene konzipiert. Es würde mir bei der Verarbeitung meiner ersten Ehe nützlich sein.

In den nächsten Wochen lernte ich langsam, kleine Schritte nach vorne zu machen und mein Leben zu organisieren. Das Eventsteam, in dem ich diente, half mir dabei, mein Denken zu strukturieren. Wir bereiteten Gottesdienste für mehrere Campusse vor und planten gleichzeitig eine große Konferenz. Jeder Tag wurde zu einem kleinen Event in meinem Leben durch die Menschen, die mich umgaben, und die Aufgaben, die ich erlernte. Ich genoss es, Routinen zu haben. Etwas, das mir mein Leben lang schwergefallen war.

Ich fand auch eine neue Unterkunft. Sie war nicht das, was ich mir erträumt hatte: ein Zimmer in einem Studentenhaus, das ich mir aber leisten konnte – und das war in dem Moment das Wichtigste.

Einmal fuhr ich sogar mit dem Minibus-Taxi zur

Gemeinde, war aber froh, als mein Wagen endlich aus der Reparatur kam und somit wieder fahrtauglich war.

Gleich zu Beginn der Seelsorge lernte ich etwas, das die Sicht auf meine Vergangenheit schlagartig änderte. Nämlich, dass jede Art von Geschlechtsverkehr, bei dem Drogen oder Alkohol im Spiel sind und mein Gegenüber dies ausnutzt, Missbrauch ist. Endlich hatte ich die Antwort gefunden, nach der ich gesucht hatte: Ich war in Wilderness wirklich missbraucht worden – und es war nicht meine Schuld! Zum ersten Mal seit dem Vorfall erlaubte ich mir, das Opfer zu sein. Ich wollte auf keinen Fall das Opfer bleiben, aber ich lernte, dass es nötig ist, zu trauern, wenn wir heilen wollen. Gleichzeitig fand ich es sehr schwer, diese Definition zu hören. In ihr bekam ich nämlich auch eine Erklärung für meine Rastlosigkeit, Konzentrationsschwäche und Hypersensibilität, die lange unentdeckt geblieben war: Ich hatte mein erstes Mal und viele weitere Male auf Drogen erlebt! Ich hatte nicht gelernt, was es bedeutet, Sex in einer liebenden Partnerschaft auszuleben und war selbst in Beziehung missbraucht worden. Der körperliche Austausch in einer sicheren Partnerschaft – das war es, was ich mir gewünscht hatte und was ich unter gesundem Sex verstand! Nach meiner ersten Seelsorgestunde stand ich unter Schock, weil ich mit einer neuen Wahrheit konfrontiert war: Ich war schon einige Male missbraucht worden. Ich litt unter dem, was die

ZUR FREIHEIT BERUFEN

Psychologie als posttraumatische Belastungsstörung bezeichnet.

Um für den Prozess des Trauerns ein starkes Fundament zu bauen, lud mich meine Seelsorgerin ein, zu beten und zu fasten. Ich mochte Fasten nicht besonders und hatte es bis dahin für ein unnötiges Verzichten auf Essen gehalten. Aber ich ließ mich auf ihren Vorschlag ein und disziplinierte mich, eine Woche lang auf feste Speisen zu verzichten. Wann immer ich Hunger bekam, betete ich. An manchen Tagen war ich sehr schlecht gelaunt, aber es wurde mit jedem Tag besser: Heilung braucht Disziplin, Trauer zuzulassen. Und nichts disziplinierte mich mehr, als zu fasten. Die Tür zur Heilung stand auf einmal weit offen für mich. Ich wusste jetzt, wer mein Gegner war. Wir hatten ihm einen Namen gegeben: Trauma!

Es war an der Zeit, hinauszutreten aus meinem inneren Gefängnis. Doch mit den neuen Gefühlen, die mit dieser Freiheit einkehrten, hatte ich nicht gerechnet. Mein Schmerz war jahrelang mein Zuhause und meine Sicherheit gewesen. Ihn aufzugeben, wenn auch Schritt für Schritt, war, wie mit gepacktem Koffer aus der Tür eines Hauses zu treten, in dem ich aufgewachsen war und zu wissen, dass ich ihm für immer den Rücken kehren würde. Ich befand mich nun auf einer neuen Reise, von der ich keine Ahnung hatte, wo sie enden würde. Doch während ich noch auf der imaginären Türschwelle meines Hauses stand, hob ich den Kopf und sah Richtung Horizont.

KAPITEL 13

Ich erinnerte mich oft daran, was in der Bibel stand: Ich war zur Freiheit berufen. Es gab viel über mich und andere zu lernen und entdecken, das fand ich schon in den ersten Wochen in der Gemeinde heraus. Während der Teilnahme an den Kursen musste ich mir intensiver als jemals zuvor die Frage stellen, was meine Überzeugungen waren. Wenn ich in Konfliktsituationen trat, waren es eben diese Überzeugungen, die maßgeblich Einfluss auf meine Reaktionen und Entscheidungen nahmen. Schwache oder fehlende Werte in unserem Leben, das lernte ich, führen oft dazu, dass wir uns auf ungesunde Kompromisse einlassen. Menschen werden uns immer beeinflussen, gewollt oder ungewollt. Überzeugungen und Werte zeigen uns in diesen Momenten unsere Grenze auf. Und wenn wir uns entscheiden, unseren Fuß über diese unsichtbare Linie zu setzen und unsere Werte zu kompromittieren, werden andere uns wahrscheinlich ganz auf ihre Seite der Überzeugungen hinüberziehen. Ich verstand, dass, wenn wir einmal unsere Grenze überschritten haben, es schwer ist, wieder zu unserem Standpunkt zurückzugehen.

Bei dem Thema Grenzen kam unweigerlich die Frage auf, wann ich in Zukunft zu Einladungen und sich bietenden Gelegenheiten „ja" oder „nein" sagte. Mich abzugrenzen sollte mir in Zukunft dabei helfen, ein ausgeglichenes Leben zu führen. Niemand konnte mir sagen, was meine Grenzen sind. Das musste ich selbst festlegen. Aber es fiel mir leichter, dies zu tun, als ich mich mit meinen Überzeugungen auseinandersetzte. Je mehr ich eins mit ihnen wurde, für sie einstand und sie offen repräsentierte, umso mehr wurden diese Grenzen für andere sichtbar. Menschen hatten mir jahrelang angesehen, dass ich keine Barrieren hatte. Ich hatte mir Grenzen gewünscht, aber nur solche gesetzt, die ich bei anderen gesehen hatte, ohne mich mit meinen eigenen Überzeugungen auseinanderzusetzen und diese auch auf meine persönliche Geschichte anzuwenden. Sie hatten nicht gewirkt – und so hatte ich mich benutzen und ausnutzen lassen und besaß durch den daraus resultierenden Schmerz keine Kraft mehr, um reflektierte Grenzen zu ziehen.

Ich wurde auch gnädiger mit mir selbst. Andere hatten bestimmt eine schönere Geschichte als ich: Sie hatten ihr erstes Mal vielleicht in der Nacht der Ehe erlebt und niemals eine Zigarette angefasst. Aber das hieß nicht, dass Gott sie mehr liebte. Gerecht werden wir nur durch Jesus. Paulus schreibt in einem seiner Briefe, dass er der größte Sünder von allen sei. Und ich hatte das Bedürfnis, ihm zu antworten: „Du hast mich noch nicht kennengelernt, sonst würdest du das nicht sagen!" Ich fühlte bei diesem Gedanken keine Verurteilung oder Scham, sondern Freiheit: Wen der Sohn frei macht, der ist wirklich frei, heißt es weiter in der Bibel. Daran zeigt sich Jesu Liebe und Gnade, dass er für den Sünder starb. Ich war auch nur ein Sünder, aber mir war vergeben worden. Und Gott würde seine Geschichte mit mir schreiben!

„Und ich werde euch die Jahre zurückerstatten."

Joel 2,25 (SCH)

Kapitel 14

ALTE WUNDEN HEILEN

••

Die Wochen vergingen wie im Fluge. Die Balance zwischen dem Dienst in meinem Team, der Bibelschule und der Seelsorge, die ich in Anspruch nahm, gaben mir einen sicheren Rahmen, um ein stabiles Fundament für mein Leben zu bauen.

Zu verstehen, welche Rolle Respekt in meiner Biografie spielte, war mir ebenfalls eine große Hilfe. Ich lernte, dass es wichtig war, anderen Menschen Respekt entgegenzubringen, egal, ob er ihnen meiner Meinung nach zustand oder nicht. Aber ich selbst verdiente ihn ebenso, das hatte ich begriffen. Ich hatte es in der Hand, ob ich ein mir entgegen gebrachtes Verhalten respektierte oder nicht. Indem ich die Vergewaltigung nicht zur Anzeige gebracht hatte, hatte ich das Verhalten stillschweigend akzeptiert. Da ich in einer ungesunden Beziehung geblieben war, anstatt auszubrechen, hatte ich die Gewalt geduldet. Ich konnte diese Rechnung auf sehr viele Bereiche meines Lebens anwenden. Statt mich zu wehren und einen Ausweg zu suchen, hatte ich versucht Wege zu finden, um den Schmerz zu verarbeiten. Ich hatte mich selbst verletzt, das Erbrechen als Ventil benutzt und mich in Abhängigkeiten gestürzt. All dies waren Wege gewesen, um mich emotional von dem zuletzt Erlebten abzugrenzen, aber es waren keine Methoden, um eine dauerhafte Verhaltensweise herbeizuführen.

Respekt und Ehre wurden für mich zu wichtigen Begriffen, denen ich Leben einhauchen musste. Um mir Selbstachtung, Anerkennung und Liebe zu erweisen, um so meinen Charakter zu stärken, würde ich meinen Alltag verändern und neu gestalten müssen. Ich musste lernen, mir Zeit für mich selbst zu nehmen. Nicht in der Form, dass ich über der Vergangenheit grübelte, wie ich es oft getan hatte, sondern gut genutzte Zeit, in denen ich mich mit Dingen beschäftigte, durch die ich auftankte. Yoga wurde für mich zu genau so einer Sache. Als Ausgleich für die Zeit für mich selbst musste ich aber auch ein Netzwerk von Freunden aufbauen. Denn ich lernte, dass wir uns selbst Wertschätzung schenken, indem wir liebevolle Beziehungen pflegen. Freundschaften geben uns Halt und tragen uns durch gute und schlechte Zeiten. Mit wem wir diese Beziehungen aufbauen, ist dabei ganz und gar unsere Entscheidung. Sie sollten aber durchzogen sein von gegenseitigem Respekt. Wir können nur dann gesunde Freundschaften leben, wenn der andere ebenfalls Überzeugungen und Grenzen hat, die er auslebt und einhält. Für mich persönlich war es ein Geschenk, dass wir als Eventsteam gemeinsam begannen, Yoga zu machen. Wir engagierten eine Privattrainerin und trafen uns früh am Morgen – es war der perfekte Start in den Tag. Da ich von Natur aus keine Frühaufsteherin war, kostete es mich Überwindung und Disziplin, aber es war gleichzeitig auch ein nach außen getragenes Zeichen meiner inneren Veränderungen. Als das morgendliche Yoga nicht mehr in meine Routine passte, machte ich am späten Nachmittag alleine weiter, wann immer ich es einrichten konnte. Diese Zeit für mich wollte ich mir von niemandem mehr nehmen lassen.

Eine weitere Sache, die ich lernte, war, dass es Zeit braucht, gute Entscheidungen zu treffen. Beziehungen, Freundschaften, Finanzen, alle diese Bereiche nehmen Zeit in Anspruch, um zu wachsen und zu reifen. Und ich musste mir in allen Bereichen meines Lebens Ziele setzen, damit ich wusste, worauf ich hinarbeite. Mein Heilungsprozess ging nur langsam voran, aber immerhin bewegte sich etwas. Und es war mein Ziel, in allen Bereichen meines Lebens heil zu werden. Manchmal fühlte es sich so an, als machte ich zwei Schritte vor und einen zurück. Aber das hielt mich nicht davon ab, weiterzumachen. Geduld, die noch nie meine Stärke gewesen war, durfte ich nun erlernen.

KAPITEL 14

Nach wenigen Wochen im Studentenwohnheim ergab sich die Möglichkeit, mit zwei Freundinnen in eine WG ganz in der Nähe der Kirche zu ziehen. Wir bezogen eine wunderschöne Erdgeschosswohnung mit einer großen Terrasse, umgeben von einem schmalen Palmengarten, durch den ein kleiner Bach floss. Endlich hatte ich ein Zuhause gefunden, in dem ich bis zum Ende des Jahres bleiben konnte. Das Gebet meiner Freunde in Deutschland wurde außerdem auch wahr: Ich würde nicht nur wohnen, ich würde mich richtig wohlfühlen!

Ich sehnte mich vor allem danach, dass meine Beziehung zu Gott weiter wuchs. In den Jahren zuvor hatte ich meine Liebe zu ihm nicht verloren, aber meine Fehlentscheidungen hatten mich davon abgebracht, ihm ganz nachzufolgen. Es tat gut, mir morgens und abends Zeit zu nehmen, um zu beten und Bibel zu lesen. Am frühen Morgen stand ich auf, kochte mir einen Kaffee und genoss die Sonnenaufgänge von meinem Bett aus. Ich tat dies gerne, um zwei Stunden für mich alleine und für meine Zeit mit Gott zu haben. Ich freute mich, wenn er mir etwas Persönliches für den Tag mitgab, aber ich genoss es ebenso, die Geschichtsbücher des Alten Testaments zu lesen. Am Abend betete ich vor dem Einschlafen und erzählte ihm von den Dingen, die mich am Tag bewegt hatten. Es war mir wichtig, innerlich loszulassen, bevor ich ins Bett ging. Ich dankte ihm für die guten Dinge, die geschehen waren, und ich bat ihn, die schweren Sachen für mich zu tragen. Und je länger ich dies zu meiner Routine machte, umso stärker wurde unsere Beziehung zueinander.

Als mein Vater mir als Jugendliche sagte, dass Männer nur „das Eine" wollen, hatte mein Herz innerlich geschrien und getobt. Aber ich hatte nicht gewagt zu widersprechen. Ich war überzeugt gewesen, dass es da draußen jemanden geben musste, der mich wirklich lieben würde. Durch mein Schweigen hatte ich es aber erlaubt, dass diese Worte in mir Wohnung fanden. Ich begann der Lüge zu glauben, dass alle Männer nur darauf aus waren, mit mir zu schlafen. Es wurde zu einer unterbewussten Erwartungshaltung, dass die Männer, die ich traf, kein ernsthaftes Interesse an mir hatten. Gleichzeitig wollte ich auf keinen Fall aufhören zu glauben, dass es wahre Liebe gab. In meiner Angst, dass mein Vater recht haben könnte, hatte ich versucht, jeder gescheiterten Beziehung noch ein zweites Leben einzuhauchen. Vielleicht wäre ja doch wahre Liebe in ihr zu finden, wenn ich mich nur änderte? Natürlich waren meine Versuche ohne Erfolg geblieben. Jetzt, wo ich mit meiner Seelsorgerin herausgefunden hatte, dass ich diesen Glaubenssatz so lange Zeit mit mir herum getragen hatte, ließ ich ihn gehen und begann, für meine zukünftige Partnerschaft zu beten.

In dem Kurs für Geschiedene arbeitete ich die Jahre nach der Trennung auf. Ich war dankbar, dass ich mich nicht noch einmal mit all den Dingen auseinandersetzen musste, die die Ehe zum Erliegen gebracht hatten. Die

KAPITEL 14

Gründe für die Scheidung waren mir klar, und ich sehnte mich vielmehr danach, endlich wieder eine eindeutige Identität als Single anzunehmen. Die vielen Fragen wie die, ob ich nach Gottes Verständnis noch einmal heiraten darf, überschlugen sich in meinem Herzen, waren jedoch nie an die Oberfläche getreten. Es war schwer für mich, noch immer den Nachnamen meines Ex-Mannes zu tragen, aber ich hatte meinen Mädchennamen nicht wieder annehmen wollen, weil ich zu meiner Geschichte hatte stehen wollen. Was mich aber noch mehr belastete, war die Frage bei Ämtern oder Erhebungen von Statistiken: „Was ist Ihr Familienstand?" Ich hasste es, das Feld „geschieden" anzukreuzen. Es war, als würde mein Familienstand meine neue Identität werden. So hatte man mir ungewollt das Stigma der „Geschiedenen" auferlegt. Die Geschiedene, die in Gottes Augen weniger wert ist, das glaubte ich für lange Zeit! Das Stigma der Versagerin: Hätte ich nicht länger probieren können, die Ehe zu retten? Das Stigma der Heuchlerin: War ich nicht leidenschaftliche Nachfolgerin Gottes? War es nicht Sünde, sich scheiden zu lassen? Konnte er nicht alles möglich machen, wenn ich nur glaubte? Auch meine Ehe retten?

Die Scheidung hatte eine Leere in meinem Leben hinterlassen. Doch was mich jetzt ermutigte, waren die vielen anderen Menschen, die ebenfalls an dem Kurs teilnahmen und deren Trennungsgeschichten der meinen sehr ähnlich waren. Ich war nicht mehr alleine mit meiner Scham und meinen ungeklärten Fragen. Fast alle von uns kämpften um ihre Identität und gegen die Wut auf den Ex-Partner an, und wir lernten, wie wir mit Depressionen und Trauer umgehen konnten. Gemeinsam verarbeiteten wir unseren Verlust, und zum ersten Mal seit Jahren empfand ich, dass ich „normal" war. Ich war gar nicht alleine mit meiner Geschichte und mit meinen ungesunden Verhaltensweisen. Da draußen gab es noch Hunderte und Tausende von Menschen, die ähnlich empfanden und lebten wie ich. Aber um zu heilen, mussten wir uns finden und offen und ehrlich miteinander reden. Ich war nicht die Einzige mit Schulden und nicht alleine mit meinen Affären und Hoffnungen auf eine neue Partnerschaft. Die Heilung, die ich erfuhr, machte mich stärker. Nie wieder würde ich jemanden verurteilen oder als einen Versager abstempeln – etwas, das ich heimlich getan und womit ich mich automatisch selbst gerichtet hatte.

Die Aufgaben, die ich im Eventsteam übernahm, waren nicht das, wofür ich nach Kapstadt gekommen war. Weder machte ich Musik, noch begleitete ich Menschen pastoral – stattdessen bereitete ich die Dokumente für die Gottesdienste vor, druckte Pläne, packte große Plastikboxen mit Utensilien für die Wochenenden und leerte sie wieder. Ich räumte Schränke auf und sortierte Mappen. Was ich tat, erschien mir schon fast zu praktisch – ein wenig unheilig. Natürlich hörte ich immer wieder von unseren

Pastoren, dass dieser Dienst nicht weniger Wert war als jede andere Aufgabe in der Gemeinde – etwas, das ich mit dem Kopf verstand, aber das erst einmal ins Herz sinken musste. Und obwohl ich mich manchmal fragte, was ich bei diesem Dienst lernen sollte, war das Team, in das Gott mich geschickt hatte, das Beste, was mir passieren konnte. Wir wurden Freunde und teilten Leben miteinander!

Bevor das Praktikum begonnen hatte, hatte ich viele Ideen und große Vorstellungen gehabt, warum ich 2014 nach Kapstadt ging und wie das Jahr verlaufen würde. Doch je länger ich Teil der Gemeinschaft war, je länger ich Woche für Woche in meinen kleinen Aufgaben treu blieb, umso mehr bemerkte ich meine eigene Veränderung und worauf es wirklich ankam: Ein Dienst machte mich nicht mehr oder weniger heilig. „Heilig" ist, was in meinem Herzen geschieht. Die Heilung, die ich erlebte, war heilig, denn sie war Gottes Wirken in mir.

Wenn ich wieder einmal den Drucker reparierte, wurde das zu einem heiligen Moment, denn es gab mir die Zeit, Gott anzubeten. Wenn ich Tabellen schrieb, dann konnte ich mein Bestes geben, diese schön zu gestalten. Und wann immer ich für die Gottesdienste Besorgungen machte, konnte ich die besten Preis-Leistungsverhältnisse ausfindig machen und somit treu mit den Finanzen der Kirche umgehen. Jede kleine Aufgabe gab mir Raum zur Anbetung, auch wenn ich erst einmal nicht im Lobpreisteam dienen durfte.

ALTE WUNDEN HEILEN

Meine Leiterin hatte mir nicht vorenthalten, dass ich mich erst beweisen musste und an meinem Charakter arbeiten sollte – etwas, das mir noch nie jemand direkt gesagt hatte. Es tat weh, und im ersten Moment fühlte ich mich wie vor den Kopf gestoßen, aber nach einigen Überlegungen musste ich mir eingestehen, dass sie recht hatte. Genau das war es, was jetzt dran war: Ich musste meine Aufgaben mit Sorgfalt erledigen und treu sein in dem, was ich tat. Es fiel mir dennoch schwer, dass es eine Spannung zwischen der Gegenwart und der Zukunft gab. Dass ich nicht immer alles sofort haben konnte und dass manche Dinge ihre Zeit brauchen. Um in einem Team dienen zu können, das von vielen Menschen gesehen wurde, musste ich erst einmal in einem Team dienen, das hinter den Kulissen aktiv war. Um später eine gute Ehe zu haben und eine gute Ehefrau für meinen zukünftigen Mann zu werden, musste ich mich verändern lassen. Und um göttliche Entscheidungen treffen zu können, brauchte ich auch Geduld in allen anderen Lebensbereichen: Immer wieder wurde ich daran erinnert, dass ich das Ziel nicht erreichen würde, wenn ich es nicht fokussierte. Und mein Ziel war Heilung!

Auf meinem Weg der Heilung kam immer wieder das Thema Würde und Genugsein auf. Oft hatte ich Gottes Verheißungen für den kurzen Moment eingetauscht. Ich hatte schon lange gewusst, dass das nicht zu dem Lebensstil passte, den sich Gott für mich wünschte. In Epheser 4,1 lesen wir, dass wir würdig wandeln sollen – würdig der Berufung, zu der wir berufen worden sind. Mein Ruf war es, Jesus zu lieben und ihm Ehre zu geben, seinen wunderbaren Namen großzumachen und davon zu erzählen, dass er allein meine Stärke ist. Dabei konnte ich verschiedensten Diensten und Aufgaben nachgehen, jeder Arbeit und allem, was ich liebte. Mein Herz würde darüber entscheiden, an welche Orte und zu welchen Menschen es mich tragen würde – und deshalb war es so wichtig, dass es ganz heilte.

Es fiel mir nicht leicht, ohne Partner zu bleiben, und natürlich sah ich mich immer wieder um. Vielleicht war ja mein zukünftiger Ehemann auch Teil der Gemeinde? Insgeheim betete ich, dass ich meinen Zukünftigen direkt nach dem Jahr kennenlernen würde. Ich wollte nicht dauerhaft alleine bleiben, das war niemals der Plan gewesen. Und ein Leben ohne Kinder – wie konnte das für mich ein Leben voller Freude sein? „Willst du, dass ich in Einsamkeit sterbe?", fragte ich Gott eines Abends. Wie lange schon hatte ich darauf gewartet, denjenigen zu treffen, der am besten zu mir passte, nur um dann oft wieder den Nächstbesten zu wählen, um der Einsamkeit zu entkommen. Ich fürchtete mich davor, dass diese Eigenschaft mich am Ende um mein Familienleben bringen würde. Vielleicht hatte ich mir selbst einen Fluch auferlegt, den es zu brechen galt.

Meine Seelsorgerin betete jedes Mal, wenn wir uns

trafen, für mich. Sie hatte ein sensibles Gespür für meine inneren Nöte und Ängste, und sie war auch diejenige, die mir aufzeigte, was der Hauptauslöser dafür war, dass ich nicht alleine sein konnte: Dass ich mir tief in meinem Herzen noch immer die Bestätigung meines irdischen Vaters wünschte. Wie ein kleines Mädchen, das im Kleidchen vor ihren Vater tritt und ihn fragt: „Bin ich schön, Papa?", hoffte ich darauf, dass er sagte: „Du bist das schönste Mädchen der Welt. Du bist liebenswert, du bist genug!"

Vor vielen Jahren hatte ich gehofft, dass er mir sagen würde: „Ich traue dir zu, dass du dieses Leben meisterst. Ich glaube daran, dass du gut mit Finanzen umgehen wirst. Ich verstehe deine Gefühle und ich respektiere sie. Ich werde dich in allen deinen Entscheidungen unterstützen. Was du anfasst, das wird dir gelingen!"

Es gibt sie nicht, die perfekten Väter. Und nicht alle haben das Privileg, dass ihre Väter immer ansprechbar sind. Auch unsere Väter haben ihre Geschichte, und das wusste ich. Aber um zu heilen, musste ich zulassen, dass ich trauern durfte um die Worte, die ich nicht gehört hatte. Ich trauerte auch um die Worte, die ich gehört hatte, und den daraus gefolgten Verletzungen.

Selbst das größte Paradies und das schönste Leben auf Erden haben ihre Schattenseiten. Wenn man erst einmal hinter die Fassade sieht, gibt es überall Brüche. Diese Brüche zu akzeptieren und anzunehmen, sie zu kleben und zu verzeihen, das ist die Kunst. Und mithilfe meiner Seelsorgerin konnte ich im Gebet Vergebung aussprechen.

Der Heilige Geist tröstete mich häufig in jenen Tagen und erinnerte mich: Mit all meinen Fehlern, mit allen meinen Ängsten und allen meine Stärken – mit allem, was ich war, mit allem Guten und auch dem Schlechten, war ich eine geliebte, vertrauenswürdige und schöne Frau. Ich war gesegnet mit Freunden, Familie und Gemeinde in Südafrika und Deutschland.

Die Tage der Geschiedenen waren gezählt. Ich wusste, es gab jemanden da draußen, der mich eines Tages sehen und lieben würde. Dem es wichtig sein würde, mich zu behüten. Er war auf dem Weg. Daran glaubte ich fest. Und ich dankte Gott dafür, dass er derjenige war, der diese Position einnahm, solange ich wartete. Gott gab mir auch eine neue Identität. Statt „Geschiedene" nannte er mich nun „geliebte Prinzessin". Anstelle von „Versagerin" sagte er zu mir „vertrauenswürdige Schönheit". Er tauschte „emotional Belastete" gegen „sanftmütige, zerbrochene Dienerin". Er rief mir „mutige Kämpferin, reine, heilige Priesterin und Anbeterin" zu. Er gab mir die Namen: „Sehende", „Ermahnende" und „Ermutigende Prophetin". „Hoffnungsträgerin" und „Shiloh".

„Freut euch aber, dass eure Namen im Himmel
geschrieben sind. "

Lukas 10,20 (LUT)

EINEN NEUEN NAMEN

Ich atmete tief ein und hob meine Arme noch ein Stück höher zum Himmel. Es war der schönste Moment der gesamten Konferenz für mich. Ich durfte ganz vorne vor der Bühne stehen und die zwanzig Minuten Lobpreis zu Beginn der letzten Session ohne Unterbrechung genießen. Ich tauchte ein in den Strom der Menschen, Hunderte von jungen Frauen, die ihre Sitze verlassen hatten und nach vorne kamen, um Gott anzubeten. Jede Einzelne von ihnen hatte ihre Geschichte und wir alle hatten auf einen Moment gewartet, in dem Gott zu uns sprechen würde. Wir hatten unsere Fragen mitgebracht – diejenigen, die seit vielen Jahren tief in unserem Herzen brachlagen, und neue Fragen in der Hoffnung auf Wegweisung. Ich war erschöpft, aber dankbar. Es war genau ein Jahr vergangen, seitdem ich an der Konferenz teilgenommen hatte. Aber dieses Mal nahm ich sie ganz anders wahr. Trotz meiner Müdigkeit fand ich noch einmal für ein paar Minuten neue Kraft. Anbetung war mehr als jemals zuvor meine Kraftquelle und mein Rückzugsort. Es machte für mich dabei keinen Unterschied, ob ich alleine oder in der Menschenmenge war: Im Lobpreis konnte ich mich ganz fallen lassen. Ich liebte die kunstvolle Musik und hingebungsvollen Texte – und ich liebte Gott. Für mich gab es keine schöneren Momente, keine erfüllenderen Stunden als auf dieser Konferenz mit Tausenden von Frauen. Sie waren alle so unterschiedlich. Jede von uns hatte Träume, Ängste und Erwartungen, aber in diesem Moment zählte nur, dass wir alle zusammen waren. Eine unaufhaltsame Kraft war im Raum spürbar, als fünftausend Frauen gemeinsam anbeteten. Und in diesem Moment lachte und weinte ich gleichzeitig. Ich lachte, weil Gott mir begegnet war: endlich! Er hatte zwar nicht alle meine Fragen beantwortet, aber er hatte mich umarmt und mir versichert, dass er mich sieht. Im Lobpreis hatte ich eine Vision bekommen, ein Bild, das mich stärkte und mir erneut bewusst machte, dass Gott noch immer einen Plan mit meinem Leben hatte. Und dieser Plan sollte mit etwas zu tun haben, das ich sehr liebte. Gleichzeitig weinte ich vor Erschöpfung.

Die ganze Woche war ich früh auf den Beinen gewesen und spät nach Hause gekommen. Die Vorbereitungen für die Konferenz waren anstrengend, denn die vielen Kleinigkeiten, die in der kurz vor der Veranstaltung noch organisiert und verbessert wurden, sollten das Event zu etwas ganz Besonderem machen. Die Exzellenz steckt im Detail, hatte ich mir erklären lassen, und in diesem Fall sollten 5000 Frauen in ihren Herzen einen Wow-Effekt nach dem anderen spüren. Diese „Kleinigkeiten" waren vorbereitet worden, und schnell hatten wir gemerkt, dass sie immens wichtig waren. Sie wurden zur Kirsche auf der Sahnehaube, die Latte-Art auf dem Cappuccino, der Hauch Mascara, der das Auge größer wirken lässt. Natürlich hätte es die Konferenz auch ohne diese Dinge gegeben, aber etwas von dem Glanz und dem Geheimnisvollen wäre verloren gegangen. Die Details waren je nach Team und Aufgabe besonders künstlerisch, musikalisch oder dekorativ. In unserem Fall waren sie organisatorischer Natur und detailliert durchdacht. Wir wollten den Besucherinnen ermöglichen, eine möglichst angenehme und unkomplizierte Erfahrung zu genießen, und das ab dem Moment, wo sie den Veranstaltungsort betraten.

Wir bereiteten Informationstafeln und Hunderte von Namensschildern vor, packten Kisten mit Bürosachen, die wir für die kommenden sechs Tage brauchen würden. Dazu gehörten kiloweise Druckerpapier, Textmarker, Kugelschreiber und allerlei Mäppchen sowie Klemmbretter, die sowohl die vorbereiteten, als auch die im Laufe der Konferenz gedruckten, Dokumente zusammenhalten würden. Wir etikettierten, als wären wir bei einer Etikettierweltmeisterschaft. Kein

Ordner blieb unbeschriftet. Wir wollten gewährleisten, dass jeder im Team auch in hektischen Momenten genau wusste, wo etwas zu finden war. Bei einer Großveranstaltung von diesem Format sollte nichts dem Zufall überlassen werden. Wir waren auch zuständig für die Verschriftlichung des „Runsheets", einem minutengenauen Ablaufplan des gesamten Events. Dieser wurde auf festem perforiertem Papier vielfach ausgedruckt, um während der Veranstaltung an die Teamleiter weitergeleitet zu werden. Unser Drucker verursachte dabei diverse Papierstaus, was nur eines der vielen kleinen Dinge war, die uns manchmal an den Rande eines Nervenzusammenbruchs brachten. Aber bei allen Herausforderungen, die uns begegneten, erlebte ich kein einziges Mal, dass eine meiner Teamkolleginnen schlechte Laune bekamen oder unfreundlich wurden. Ich war begeistert, von starken Persönlichkeiten lernen zu dürfen.

Neben den vielen Kisten mit Büromaterialien gab es aber auch noch die Boxen mit den Geschenken, die während der Veranstaltung von der Bühne aus an die Teilnehmerinnen der Konferenz verteilt werden sollten. Die Geschenke hatten wir liebevoll verpackt und mit Schleifen versehen – jedes Einzelne, Stück für Stück. Besonders Rebecca war darin geübt, Schleifen zu binden, und bekam diese ehrenvolle Aufgabe wiederholt übertragen.

Da dies die erste Konferenz war, bei der ich mitarbeite, hatte ich im Vorfeld nicht gewusst, was mich

erwarten würde. Während der Eröffnung am ersten
Abend war mir jedoch schnell klar geworden, dass ich
in den darauffolgenden Tagen sehr viel laufen würde.
Denn meine Aufgabe bestand darin, die Menschen zu
zählen, die sich auf den Fluren, in der Markthalle und
im Bereich der Kinderbetreuung aufhielten, während
andere von uns die Teilnehmer in der Arena zählen
würden. Natürlich hätte ich Turnschuhe oder Sandalen
tragen können. Aber unser Team hatte entschieden,
dass wir uns schick machen würden, um uns mit den
vielen Frauen verbunden zu fühlen, die das Event zum
Anlass nahmen, sich hübsch zu machen. Da wir in
Südafrika waren, kamen die Damen zu diesem Event in
den schrillsten und schönsten Kleidern, Hosen und
Blusen: Daher war für mich klar, dass ich Stilettos
tragen würde. Für mich war das ein absolutes Highlight.
Die Nebenerscheinung der Konferenz bedeutete also
für mich: schmerzende Füße! Ich würde außerdem viele
Predigten und Vorträge verpassen, weil ich mich eben
auf den Gängen außerhalb der Arena aufhielt. Auch das
noch, obwohl ich doch so dringend auf ein konkretes
Wort von Gott wartete!

Am ersten Abend war ich voller Tatendrang
losgegangen. Mein Wunsch war gewesen, wenigstens
Teile der Predigt mitverfolgen zu können. Die
Kinderbetreuung war auf der anderen Seite der Hallen
hinter den Fast Food-Restaurants und dem Casino.
Allein der Weg hin und zurück dauerte zwanzig

Minuten, und für das Zählen auf den Gängen rund um die Arena brauchte ich auch noch mal bestimmt zehn Minuten sowie zusätzliche zehn Minuten bei den quirligen Kids. Bei regem Betrieb musste ich mindestens zweimal zählen, um sicherzugehen, dass ich die richtigen Zahlen hatte. Dafür musste ich fünf Minuten extra einrechnen. Kurzum: 45 Minuten insgesamt – der Worship würde nicht mehr als zwanzig Minuten dauern, die Moderation höchstens zehn Minuten. Somit verpasste ich zehn bis fünfzehn Minuten von der Predigt, bekam aber glücklicherweise die Hälfte noch mit. Mit diesen Berechnungen war ich gestartet und hatte es mit schmerzenden Gliedern und leichter Übermüdung durch den ersten Tag geschafft.

Und nun war es Abend, der letzte Tag. Ich war seit 5 Uhr morgens auf den Beinen und Gott hatte noch nicht zu mir über die Dinge gesprochen, die mir dringend auf dem Herzen brannten. Stattdessen war ich körperlich und emotional an meine Grenzen gestoßen. Und auch, wenn ich im Anschluss an den Lobpreis eine letzte Runde laufen musste, um noch einmal zu zählen, konzentrierte ich mich darauf, dass das Ende der Konferenz in Sicht war und ich bald schlafen konnte.

Jetzt in Einheit in der Anbetung zu stehen, war ein unsagbar großes Geschenk. Ich wollte nicht, dass der Moment des Lobpreises endete, also sang ich noch ein bisschen lauter, als würde mich das Gott noch näherbringen.

Ich hob meine Arme gerade ein Stückchen höher als

Zeichen meiner Hingabe, als mich plötzlich jemand an der linken Schulter berührte. Ich vermutete, dass eine im Lobpreis versunkene Person mich gestriffen hatte, aber als ich meine Augen öffnete, stand eine junge Frau neben mir und sah mich direkt an. Sie war nicht älter als Mitte 20 und kam näher an mein Ohr heran, um mir etwas zu sagen. Da die Musik sehr laut war, schrie sie mich fast an: „Entschuldigung", sagte sie auf Englisch. „Wie ist dein Name?" „Yvonne", schrie ich zurück und fragte gleich darauf: „Warum?" Sie sagte das, was sie zu sagen hatte, mit Überzeugung: „Das klingt jetzt vielleicht echt schräg, aber Gott hat mir gesagt, dass du Shiloh heißt. Und das bedeutet Frieden, Überfluss und Heil. Und er sagt, dass du Heil zu den Nationen bringen wirst!" Ich sah sie mit großen Augen an und umarmte sie. Dann dankte ich ihr für ihren Mut. Mir blieb nur noch ein kurzer Augenblick, bevor ich die Arena verlassen musste. Ich schloss meine Augen und dankte auch meinem himmlischen Vater. „Shiloh!" Es war surreal, sogar ein wenig beängstigend. Aber es war Gott!

Der Applaus der Menge riss mich aus meinem Gebet. Dieser Applaus galt Gott. Ich stimmte mit ein und machte mich gleichzeitig auf den Weg in Richtung Ausgang. Draußen war es viel stiller als in der Arena. Ich hörte die Stimme der Sprecherin nur dumpf durch die schweren Türen hallen. Ich wischte mir über das Gesicht. Schon während der Predigt am Mittag waren mir die Tränen über die Wangen gelaufen, weil ich so berührt von den Worten der Sprecherin gewesen war, und nun weinte ich wieder.

Während ich wie in Trance in Richtung Casino lief, dachte ich darüber nach, was gerade eben geschehen war. Namen, so wusste ich, erzählten sowohl damals im Alten Testament als auch heute noch in verschiedenen Kulturen der Welt, von den Familienumständen zur Zeit der Geburt eines Kindes. So hieß ein Mädchen mal „die am Sonntag geborene" oder einfach „das zehnte Kind", in der jeweiligen Landes- oder Stammessprache. Aber Namen standen häufig für mehr als das: Sie offenbarten die Berufung des Namensträgers! Ich fand es deshalb weder verrückt noch überraschend, was an diesem Abend geschehen war: Es war die Antwort auf eine meiner Fragen, die ich mit zur Konferenz gebracht hatte.

Bei meinem letzten Deutschlandaufenthalt hatte ich während eines Gebetsabends den starken Impuls gehabt, dass "Yvonne" vielleicht gar nicht der Name war, den Gott für mich ausgesucht hatte. Ich wusste, dass er unsere Namen im Himmel aufschrieb, das hatte ich in Lukas 10,20 gelesen. Viele Jahre hatte ich versucht herauszufinden, was „Yvonne" bedeutete und wie er für meine eigene Berufung stand. Aber „Der Bogen aus Eibenholz", das war die Übersetzung meines Namens, machte einfach keinen Sinn für mich. Wie sollte ich mich damit identifizieren?

EINEN NEUEN NAMEN

Schon während meiner Kindheit fühlte es sich komisch an, wenn ich meinen Namen ausgeschrieben auf Papier sah. Ich schnörkelte das doppelte n, schrieb es zuweilen wie ein u, mal gerade, mal nach links, mal nach rechts geneigt. Aber nichts nahm die starke Distanz weg, die ich empfand, wenn ich meinen Namen las oder mich jemand mit „Yvonne" ansprach. Über die Jahre hinweg fiel es mir zunehmend schwerer, meinen Namen zu lieben. Und als ich Christ wurde, schien es, als passte er gar nicht mehr zu mir – so wie Kleider nicht mehr zu einem passen, wenn man sich verändert hat. Zurzeit meiner Bekehrung verband ich bereits viele traumatische Erinnerungen mit meinem Namen und als ich den Impuls bekam, dass Gott vielleicht einen ganz anderen Namen für mich bereit hielt, fiel es mir leicht, zu entscheiden, dass ich dem weiter nachgehen wollte. Über Monate hinweg hatte ich immer wieder still in mich hineingehorcht und gehofft, dass ich eine leise Stimme hören würde, die mir einen neuen Namen zuflüsterte. Aber das passierte nicht. Und gerade an diesem Nachmittag, während der Predigt, der ich von den oberen Rängen aus zugehört hatte, hatte ich vor Gott kapituliert. Ich betete: „Gott, ich brauche keinen neuen Namen. Dein Name in meinem Leben ist genug." „Unglaublich!", dachte ich jetzt. Gott hatte mir tatsächlich einen neuen Namen gegeben!

Am gleichen Abend fiel ich glücklich und mit letzter Kraft nach vielen Stunden des Zusammenpackens und

Aufräumens in mein Bett. Aber anstatt zu schlafen, recherchierte ich die Bedeutung von Namen. Ich wollte noch einmal ganz sichergehen, dass ich mir das alles nicht ausdachte. Namensänderungen waren doch etwas Biblisches?

Ich schlug das Alte Testament auf und blätterte dann vor bis zur Apostelgeschichte. Eigentlich wusste ich ganz genau, dass Gott Menschen häufig neuen Namen gab: Unser Urvater Abram wurde zu Abraham, seine Frau Sarai zu Sarah und Saulus wird im Neuen Testament zu Paulus. Simon wird in den Evangelien zu Petrus, und Jakob wird nach seinem Kampf mit Gott umbenannt in Israel, dessen Nachkommen diesen Namen als ganze Nation noch immer tragen: Isra-El. Israel ist sogar einer von vielen Namen Gottes, und in 4. Mose 6,27 steht: „Mein Name soll auf ihnen sein und ich werde sie segnen." Ich schüttelte den Kopf, noch immer überwältigt von dem, was passiert war. Es war unfassbar! Ja, ich hatte dafür gebetet, dass Gott mir offenbarte, was sein Name für mich war. Ich glaubte natürlich daran, dass Gott heute noch Wunder tat. Aber Namen ändern? Meinen Namen? Es war das eine dafür zu beten, aber es war etwas ganz anderes die Antwort auf das Gebet zu erhalten. Was würden die anderen sagen, die mich schon so lange als „Yvonne" kannten? Und diejenigen, die nicht an Gott glaubten, würden meine Geschichte eindeutig für verrückt erklären! Doch das hatte man auch für meinen Glauben schon getan – das war also kein Neuland für mich!

EINEN NEUEN NAMEN

Ich recherchierte weiter und fand einen alten Tagebucheintrag von mir: „In dem wohl bekanntesten Gebet, dem Vater-Unser beten wir: „Dein Name werde geheiligt", und drücken damit aus, dass wir uns Gottes Autorität und Herrschaft unterwerfen. Etwas „heilig machen" ist ein aktiver Akt. Es bedeutet, über einem Namen zu meditieren und sich vor Augen zu führen, wer sich dahinter verbirgt. Jesus Christus zeigte Gott seine Anerkennung in ultimativer Form, indem er sich ihm ganz hingab bis zum Tod am Kreuz. Indem er so den Namen des Vaters heiligte, erfahren wir noch heute Heil durch seinen Namen: Jesus Christus, Jeschua Ha Mashiach. Jeschua – „Gott hilft!" In Jesus begegnet uns die ganze Liebe und Güte Gottes. Die Güte von „Jahwe": „Ich bin, der ich bin", der ewig war, ist und ewig sein wird. „Ich bin Jahwe", sagt Gott. „Dein Gott, ich bin dein." Diese Liebeserklärung richtet sich direkt an uns. Und die Dornenkrone Jesu, die er am Tag seines Todes trug, wird so zum Zeichen seiner Königsherrschaft am Tag der Auferstehung. Die Liebe Gottes paarte sich mit seinem Schmerz über diese Welt, seiner Schöpfung und seinen Menschen, die er nicht aufgeben will. Und deshalb lehrt Gott uns, wie wir ihn anbeten sollen. Indem wir seinen Namen heiligen – durch die Annahme von Christi Opfer."

Ich atmete tief durch und schlug mein Tagebuch zu. In der westlichen Welt nehmen die Frauen häufig den Nachnamen des Mannes an und zeigen so ihre Zugehörigkeit zu einer neuen Familie. Als Christen tragen wir den Namen von „Christus" und bekennen uns damit zur Familie Gottes. Ich schlussfolgerte: „Wenn ich also durch den Namen „Christ" eine neue Identität bekam, so konnte Gott mir auch einen persönlichen neuen Namen mit einer von ihm auserwählten Berufung geben!" Für mich war das Bestätigung genug: Gott hatte mich wieder einmal beschenkt!

Was hatte ich seit Februar alles gelernt! Ich hatte verstanden, dass es eine tiefe Sehnsucht nach der Anerkennung von meinem Vater gewesen war, die mich jahrelang in die Arme von Männern getrieben hatte. Hungrig nach Aufmerksamkeit und Bestätigung, war ich zu einer emotionalen Bettlerin geworden. Und obwohl ich so oft versucht hatte, etwas zu ändern, war mir das nie gelungen.

Als ich mich im Seminar und in der Seelsorge endlich mit meiner Scheidung auseinandersetzte, schaffte ich es, mir selbst zu vergeben. Gleichzeitig hatte ich angefangen, das zu betrauern, was ich durch die Trennung verloren hatte: Freunde, die Gemeinde und finanzielle Sicherheit. Ich durfte erleben, wie Gott mich immer wieder, zum Teil sehr überraschend, versorgte.

In den letzten Wochen hatte ich mehr und mehr Gründe gefunden, dankbar zu sein: Ich hatte eine wunderschöne Wohnung und lebte mit wertvollen Freundinnen zusammen. Mein Auto war repariert und fahrtüchtig. Ich hatte eine sinnvolle Aufgabe und vertraute meinen Pastoren und Seelsorgern. Ich genoss die Arbeit im Team und die freien Nachmittage in einer der schönsten Städte der Welt! Auch das Beten und Fasten waren zu wichtigen geistlichen Disziplinen für mich geworden, aber jetzt brachte Gott das Fass zum Überlaufen: Er gab mir einen neuen Namen!

Es war, als sagte er mir damit: „Ich bin der Gott, der dich sieht! Ich bin gekommen, um dir deine Scham zu nehmen und dich neu zu machen!" Frieden und Heilung waren nichts mehr, was ich jagen musste. Sie waren zu mir gekommen! Meine Identität war zerrissen und haltlos gewesen. Doch nun nannte er mich „Shiloh. Frieden, Heil und Überfluss". Gott gab meinem Leben eine neue Bedeutung.

Ich schloss meine Bibel und löschte die Kerze, die neben meinem Bett brannte. Tränen rannen an meinen Wangen hinunter. „Shiloh" war eine Einladung, ein Versprechen, eine Zusage und ein Liebesgeschenk. Gott wollte mir den Frieden geben, nach dem ich mich so lange gesehnt hatte. Er hielt außerdem Überfluss bereit und forderte mich weiter heraus, mit anderen zu teilen. „Shiloh" war nicht nur mein Name, es war mein Auftrag. Und wann immer man mich bei meinem Namen rufen würde, wäre es, als würde Gott mich erinnern: „Geh und verkünde Frieden! Geh und verkünde Heil! Geh und verkünde, dass Jesus regiert!

Vergiss das, was hinter dir liegt, und sieh auf das, was ich in dich hineingelegt habe: Frieden, Überfluss und Heil. Geh los, Prinzessin, und bring die gute Nachricht

KAPITEL 15

zu den Völkern, dass ich alles neu mache. Erzähle ihnen
von meiner Güte, die du erfahren hast, damit sie
glauben, dass ich auch ihnen Güte erweisen will. Damit
sie Hoffnung schöpfen und nicht aufgeben. Mach dich
auf den Weg!"

In der Nacht träumte ich, dass er mir eine
unsichtbare Schriftrolle mit auf den Weg gab, auf der
geschrieben stand: „Wie lieblich sind auf den Bergen
die Füße der Boten, die da Frieden verkünden, Gutes
predigen, Heil verkünden, die sagen zu Zion: Dein Gott
ist König!" (Jesaja 52,7 LÜ). Gott sprach zu mir: „Lauf
los! Verkünde Frieden und Heil. Erzähl deine
Geschichte!"

„Siehe, Gott ist mein Heil, ich bin voller Vertrauen und fürchte mich nicht. Denn Jah(we), der HERR, ist meine Stärke und mein Loblied, und er ist mir zum Heil geworden." Jesaja 12,2 (ELB)

REICH BESCHENKT

Gegenwart. Es ist ein kühler Tag in Kapstadt. Heute wäre der perfekte Tag, um am Feuer zu sitzen, am Strand zu laufen und für den Hund Stöcke zu werfen. Der perfekte Tag, um die Winterjacke aus dem Schrank zu holen, besinnlich zu werden, im Regen zu joggen und stundenlang zu kochen.

Heute ist der perfekte Tag, um zu schreiben. Der perfekte Tag, um der Welt etwas von mir mitzugeben. Der perfekte Tag, um an vergangene Tage zu denken. Der perfekte Tag, um von der Zukunft zu träumen. Gedanken loszulassen. Ein perfekter Tag für Chili, denn für mich ist jeder Tag ein guter Tag für Chili. Es ist schlicht und einfach der perfekte Tag. Ich bin zu Hause bei mir selbst. Ich fühle mich wohl. Selbst, wenn ich nichts hätte als den langweiligsten Job, mein

Schreiben und meine Gemeinde, ich wäre der glücklichste Mensch. Aber Gott hat mich noch mehr beschenkt – mit einem wunderbaren Ehemann und einem goldigen Sohn! Gott hat mich erwählt, mein Leben zu teilen, es niederzulegen, weiter zu gehen und zu kämpfen – nicht nur für mich, sondern auch für andere. Ich darf meinen Traum leben. Ich darf schreiben und ermutigen, darf singen und segnen. Aber in alledem will ich eigentlich nur eins: Ich will Gott nahe sein. Ich will mehr von ihm wissen. Ich will ihn immer besser kennenlernen!

Mit dem Ende dieses Buches blicke ich zurück auf ein bewegtes Leben. Mit Ende dreißig weiß ich, dass ich zu alt bin, um noch immer die gleichen Fehler zu machen. Ich bin aber auch zu jung, um aufzugeben. Denn ich weiß, mein Gott, der Gott, der Himmel und Erde erschaffen hat, ist gut. Seine Hände sind weit geöffnet. Gnade fließt in Strömen aus seinen Handflächen und über seine Fingerspitzen. Er breitet seine Arme aus und hält seine Handflächen über mir. Wie ein Wasserfall strömt Gnade über mein Haupt und meinen Körper. Er wäscht mich sauber von all meiner Schuld und all meinen Fehlern. Ich habe verstanden, dass ich niemals perfekt sein werde. Und dass auch diejenigen, die mich umgeben, diese Erwartung nicht erfüllen können. Vielleicht werde auch ich immer ein bisschen in der Spannung leben müssen, dass, obwohl Jesus mich erlöst hat, ich kein perfektes Leben haben werde. Aber der Himmel ist nah. Gott ist nah. Und ich kann die Zerrissenheit in mir aushalten, wenn ich mich ihm nähere.

An manchen Tagen fällt mir das leichter als an anderen. Ich frage mich manchmal, was geschehen muss, damit ich besser mit Schmerz umgehen kann. Auch wenn ich einen neuen Namen trage, so bin ich immer noch ich: sehr sensibel und verletzlich. Ich gehöre zu denjenigen, die viel wahrnehmen von dem, was um sie herum geschieht. Ich sehe Menschen! Menschen, die müde sind vom täglichen Kampf. Müde, ihre Ehe aufrecht zu erhalten. Müde vom Singledasein, müde vom Kindererziehen. Müde, morgen wieder zur Schule oder zur Arbeit zu gehen. Müde davon, nicht genug zu sein. Müde, zu versagen. Ich sehe Menschen, die einsam sind, und ich halte es kaum aus. Niemand sollte müde oder einsam sein! Wir alle sollten zusammenhalten und uns stärken.

Ich muss lernen, dass, in diesem Leben hier auf der Erde, Schmerz dazu gehört. Ich habe keine Antworten auf die vielen „Warums?", die aufkommen, wenn ich Tragödien mit ansehen muss. Aber ich habe gelernt, dass es sowohl Schlimmes gibt, das wir abwenden können, als auch manches, das wir akzeptieren müssen – bis wir eines Tages vor Gott stehen und ihm alle Fragen stellen können, die auf unseren Herzen brennen. Die Tragödien, die uns täglich bei Menschen begegnen, können zu unserer Chance werden, um andere zu stärken – auch, wenn wir längst nicht alle

Antworten haben. Wir wissen nicht, was unsere Worte, unser Lächeln oder unser Gebet, ein kleines Geschenk oder ein lebensrettendes Organ für einen anderen bedeuten. Wir wissen nicht, was aus den Samen wird, die wir streuen. Aber das weiß der Farmer auch nicht – hört er deswegen auf zu säen?!

Es gibt viele Bekehrungsgeschichten und Zeugnisse von den Wundertaten Gottes. Viele davon habe ich erzählt bekommen und andere habe ich gelesen. Biografien haben mich schon immer fasziniert, jedenfalls seitdem ich denken kann. Wenn wir in dieses Leben starten, dann fragen wir uns oft nicht, wer wir sein wollen. Als Kinder verstehen wir keine sozialen Kausalitäten. Wir verstehen Schmerz und Freude, Mangelleiden und Versorgtwerden. Aber das Konzept eines Lebens, in dem unsere heutigen Entscheidungen Auswirkungen auf morgen haben, ist uns so lange fremd, bis wir erwachsen sind. Bis wir Verantwortung übernehmen und es keinen Weg mehr zurückgibt.

Eine Zeit lang hatte ich die Hoffnung verloren, dass es wahre Liebe, erfüllende Arbeit und Sicherheiten gibt. Dunkelheit hatte mein Herz umhüllt. Ich war neidisch auf andere, wollte besitzen, aber nicht arbeiten. Betrank mich und suchte mein Glück bei Männern. Gewalt war mein täglicher Begleiter. Gewalt gegen andere und gegen mich selbst. Ich war missbraucht worden und es war im Verborgenen geblieben. Der Krieg hatte nicht in den Straßen geherrscht, sondern in meinen Gedanken und meinem Herzen. Es ist schwer, im Hier und Jetzt zu leben, wenn man nicht bei klarem Verstand ist, wenn der Krieg im eigenen Herzen tobt. Doch als ich mich öffnete und die Wunden ans Licht holte, als ich mich jemandem anvertraute, der meinen Schmerz mit mir gemeinsam Gott entgegenhielt, konnte ich beginnen, zu heilen.

Meine Emotionen werden kommen und gehen. Es werden Tage der Freude und Tage des Leids kommen, da bin ich mir sicher. Tage voller Leichtigkeit und schwere Tage. Aber mein Herz liegt in Gott verborgen und sicher. Ich will nicht länger nach meinen Vorstellungen leben, sondern nach Gottes Prinzipien. Durch viele Täler bin ich gegangen. Doch ich weiß, er war immer da.

Und ich sah eine Vision, als ich eines Tages in die Berge ging, um zu beten: Auf der hohen Bergspitze stand ich, umhüllt von Gottes Adlerfedern, verborgen in ihm. Und Gott hob sein Federgewand und begann, zu fliegen. Er enthüllte mich und ich bemerkte nun mein eigenes Federgewand. Majestätisch, sichtbar. Nur Gott war vor mir.

Blitze und Donner kamen aus dem Himmel und der Zorn des Feindes entfachte. Der große Adler flog vorneweg und der kleine Adler folgte ihm. Im Canyon sah ich einen Fluss, dem wir Richtung Quelle folgten. Die kleinen Flügel noch nicht trainiert aber voll entwickelt, folgte ich dem großen Adler voller Vertrauen.

NACHWORT

Ich bin gesegnet, weil ich Gottes Tochter bin. All die Jahre habe ich nach meiner Berufung gesucht, und ich hatte Angst, sie zu verpassen, wenn ich nicht schnell heilte. Ich kam nach Südafrika, um Bestimmung im Dienen zu finden – und stattdessen fand ich mich selbst in Gott! In den Bergen von Kapstadt fragte er mich eines Morgens: „Willst du noch immer große Dinge für mich tun? Was sind denn große Dinge? Nicht der ist groß, der Großes tut, sondern der, der treu ist. Sei einfach treu!"

Jesus sagt: „Freut euch nicht an eurer erfolgreichen Arbeit. Freut euch aber, dass eure Namen im Himmel geschrieben sind" (Lukas 10,20). „Shiloh. Frieden, Überfluss und Heil." Meine Aufgabe ist es nicht, erfolgreich zu sein, weder in der Welt noch als Christin, sondern treu zu sein. Ich will treu sein! Und wenn Gott fragt: „Shiloh, wo bist du? Bist du bereit für ein Abenteuer?", dann will ich neben ihm stehen und sagen: „Hier bin ich, Herr. Sende mich!"

Jedes Mal, wenn ich meine Geschichte teile, erinnere ich mich daran, wer Gott ist. Er ist mein Herr und Retter. Er hat all meinen Schmerz getragen und er starb für mich. Meine Scham ließ er am Kreuz zurück. Und dort wird sie bleiben – für immer!

Heilung ist eine Reise. Und ich träume davon, dass du mit mir auf Reisen gehst.

DANKBARKEIT

Wenn ich an die Menschen zurückdenke, die dazu beigetragen haben, dass „Seeking Beauty" wahr wird, wird mein Herz weit. Mein Dank gilt all den Menschen, die dazu beigetragen haben, dass dieses Buch Realität wurde. Ihr wart praktische Helfer und emotionale Unterstützer. Ich bin unendlich froh, dass Ihr Teil von meiner Geschichte seid. Dies ist nur der Anfang!

Danke meinem wunderbaren starken und sanftmütigen Ehemann Philipp, der alles hinten angestellt hat, selbst seine eigenen Träume, um meinen eigenen wahr zu machen. Danke für die unendlichen Stunden, die du auf Jeremia aufgepasst hast, für endlose Tage des Korrigierens und deine famosen Deutschkenntnisse. Du bist der Hammer! Danke, dass du dich nicht gescheut hast, dein Liebstes zu verkaufen: deine Düsenberg (!), nur damit wir länger in Südafrika bleiben und ich dieses Buch fertig schreiben konnte. Dadurch hat Gott uns eine gemeinsame Leidenschaft und ein gebrochenes Herz für diese Nation gegeben. Ich bin so dankbar, einen Anbeter als Mann zu haben, der hungrig ist nach der Wahrheit, der nie ungeduldig ist und nicht aufgibt, weiter zu wachsen. Danke, dass du dich so in unsere Familie investierst.

DANKBARKEIT

Danke unserem süßen Sohn Jeremia, der uns so viel Freude gebracht hat und uns stets zum Lachen bringt. Danke für deine Stärke, deine Schönheit, deine Klugheit und deinen Humor. Du bist der größte Segen in unserem Leben und du wirst ein Prophet, Prediger und Musiker sowie ein wunderbarer großer Bruder sein!

Norbert, du hast „Seeking Beauty" durch dein Gebet und deinen Geist starke geistliche Wurzeln gegeben. Du hast nicht nur ein tolles Buchcover designed, sondern trägst eine Bewegung mit. Deine Freundschaft bedeutet mir viel.

Vielen Dank, Kathi, für die vielen Stunden des Lektorats, das du neben deinem Vollzeitjob und deinem reiselustigen Leben schnell wie der Wind gemacht hast. Danke für jede Ermutigung – du bist ein absoluter Segen. Ich bin dankbar, dass Gott auf dich gezeigt hat und du Teil meiner Geschichte wurdest. Du bist eine Freundin geworden!

Nina, einzigartige Kämpferin! Du begleitest mich schon so lange als wertvolle Freundin! Ich bin geehrt, dass du das Vorwort geschrieben hast, und ich bin geliebt, weil du mich immer anfeuerst und stets reich beschenkst! Man kann dich nicht besuchen, ohne gefüllte Tüten mit nach Hause zu nehmen. Danke für deine unermüdliche Hilfe beim Lektorat, dein Designerauge für das Feintuning des Covers und das Fotoshooting, bei dem du bewiesen hast, dass du einfach alles kannst! Deine

DANKBARKEIT

Kreativität und dienende Leiterschaft bereichern so viele Menschen, mich eingeschlossen. Und dein Gemüseauflauf war wirklich wunderbar! Du bist mir ein Vorbild in dem, wie du sprichst, schreibst und liebst! Danke für alles!

Diane, meine geliebte Schwester! Danke für deine immer andauernde Großzügigkeit. Danke für Hunderte von Früchten, Salaten, Currys, Worte, Briefe und Blumen. Danke, dass du durch deinen wunderschönen Blumenkranz ein Teil vom Coverfoto bist. Danke, dass du mich aufhebst, wenn ich am Boden bin, und danke für viele tolle Umarmungen!

Danke liebe Doro, du hast mich immer ermutigt, mir bei so vielen Kleinigkeiten mit Rat und Tat zur Seite gestanden. Ich bin gesegnet, weil du schon so lange meine Freundin bist. Unsere gemeinsame Liebe für Afrika wird uns immer verbinden!

Danke an Sarah, Lea, Vivi, Madeleine, Maja, Rikki, Tina, Margitta, Diana und Kathi für euren wertvollen Input zum Buchcover. Ihr habt mich so sehr ermutigt und inspiriert, jede Einzelne von euch!

Tabea, du bist zu meiner Mentorin in der Ferne geworden – und ich habe dich nie gefragt, ob du das sein möchtest. Danke für deinen weisen Rat und deine Ermutigung! Deine Worte hallen in mir nach!

Danke jedem Einzelnen, der mich auf meinem

Glaubensweg begleitet hat. Danke an alle Iserlohner, mit denen ich das Reich Gottes ganz praktisch, ganz nah und ganz übernatürlich erleben durfte. Ihr habt mich gelehrt, was es bedeutet, ein Königskind zu sein.

Ich danke meinen Eltern dafür, dass sie immer das Beste gegeben haben. Selbst, wenn wir uns oft nicht einig waren, Streit und Schmerz erlebt haben, so weiß ich doch, dass ihr stets das Beste für uns als Familie wolltet. Gott hat alles benutzt, um eine größere Geschichte zu schreiben. Danke auch für die vielen Reisen, die wir während meiner Kindheit und Jugend unternommen haben. Sie waren ein großer Antrieb für mein Bestreben, die Welt zu erkunden und bis ans andere Ende der Welt zu fliegen, wo ich schließlich Heimat fand.

Danke an meine Leiter in Kapstadt (und auch in Düsseldorf) für die vielen Stunden, die sie sich mit mir gequält haben, als ich noch undiszipliniert und rebellisch war. Danke, dass ihr das Gold gesucht habt, oft über Wochen und Monate hinweg. Ihr habt mich wirklich verändert.

Danke auch an die junge Frau, die so mutig war, zu mir zu kommen, um mich nach meinem Namen zu fragen und die, so verrückt es auch war, Gottes Ruf gefolgt ist. Mein Dank gilt auch meiner wunderbaren Therapeutin Frau Engrich-Klein, die mir geholfen hat, meinen Namen rechtlich umzuändern.

DANKBARKEIT

Rebecca, vielen Dank für deine Freundschaft. Sie hat mich für immer verändert und gestärkt. Du bist eine mutige, ehrliche, tapfere, beständige, weise und liebende Frau. Ohne dich wäre das Leben nur halb so bunt! Ich habe dich lieb.

Danke meinen geistlichen Eltern, vor allem meiner geistlichen Mutter Liebgard, die sich über so viele Jahre hinweg in mich investiert hat. Du weißt, was du mir bedeutest und wie viel ich von dir gelernt habe. Du warst immer mutig genug, mir die Wahrheit zu sagen, aber immer gnädig genug, dies in Liebe zu tun. Wo du bist, ist Heimat.

Psalm 139

Dem Vorsänger. Von David. Ein Psalm.

Herr, du erforschst mich und kennst mich!

Ich sitze oder stehe auf, so weißt du es; du verstehst
meine Gedanken von ferne.

Du beobachtest mich, ob ich gehe oder liege, und bist
vertraut mit allen meinen Wegen;

ja, es ist kein Wort auf meiner Zunge, das du, Herr,
nicht völlig wüsstest.

Von allen Seiten umgibst du mich und hältst deine
Hand über mir.

Diese Erkenntnis ist mir zu wunderbar, zu hoch, als
dass ich sie fassen könnte!

Wo sollte ich hingehen vor deinem Geist, und wo sollte
ich hinfliehen vor deinem Angesicht?

Stiege ich hinauf zum Himmel, so bist du da; machte
ich das Totenreich zu meinem Lager, siehe, so bist du
auch da!

Nähme ich Flügel der Morgenröte und ließe mich
nieder am äußersten Ende des Meeres,

so würde auch dort deine Hand mich führen und deine

Rechte mich halten!

Spräche ich: »Finsternis soll mich bedecken und das
Licht zur Nacht werden um mich her!«,

so wäre auch die Finsternis nicht finster für dich, und
die Nacht leuchtete wie der Tag, die Finsternis [wäre für
dich] wie das Licht.

Denn du hast meine Nieren gebildet; du hast mich
gewoben im Schoß meiner Mutter.

Ich danke dir dafür, dass ich erstaunlich und wunderbar
gemacht bin; wunderbar sind deine Werke, und meine
Seele erkennt das wohl!

Mein Gebein war nicht verhüllt vor dir, als ich im
Verborgenen gemacht wurde, kunstvoll gewirkt tief
unten auf Erden.

Deine Augen sahen mich schon als ungeformten Keim,
und in dein Buch waren geschrieben alle Tage, die noch
werden sollten, als noch keiner von ihnen war.

Und wie kostbar sind mir deine Gedanken, o Gott! Wie
ist ihre Summe so gewaltig!

Wollte ich sie zählen — sie sind zahlreicher als der
Sand. Wenn ich erwache, so bin ich immer noch bei dir!

Ach, wollest du, o Gott, doch den Gottlosen töten!
Und ihr Blutgierigen, weicht von mir!

Denn sie reden arglistig gegen dich; deine Feinde erheben [ihre Hand] zur Lüge.

Sollte ich nicht hassen, die dich, Herr, hassen, und keine Abscheu empfinden vor deinen Widersachern?

Ich hasse sie mit vollkommenem Hass, sie sind mir zu Feinden geworden.

Erforsche mich, o Gott, und erkenne mein Herz; prüfe mich und erkenne, wie ich es meine;

und sieh, ob ich auf bösem Weg bin, und leite mich auf dem ewigen Weg!

Lass uns in Kontakt bleiben

Ich würde mich freuen, dich kennenzulernen. Besuch mich doch auf meinem Blog und melde dich zu meinem Newsletter an oder folge mir auf Instagram. Du findest mich auch auf Pinterest und Facebook.

Blog:	www.seeking-beauty.com
Instagram:	@shilohzache
Pinterest:	shilohzache
Facebook:	Shiloh Zache

Bis bald, Shiloh